La cripto
Biblia 2021-2022

Guía definitiva para ganar dinero; maximizar los
beneficios de las criptomonedas con consejos
de inversión y estrategias de negociación
*(Bitcoin, Ethereum, Ripple, Cardano,
Chainlink, Dogecoin y Altcoins)*

Edición 3.0

EDITORIAL STELLAR MOON

Descargo de responsabilidad

Criptocomercio en 2021 y 2022

El cripto trading para principiantes es cada vez más popular. Como ves, cada día hay más gente que se inicia en el cripto trading. Y no es extraño, porque se pueden obtener muchos beneficios. Sin embargo, por supuesto hay que hacer mucho para esto. No se puede llegar a ser grande con el cripto trading sin algunos conocimientos. Por eso en este libro te explicamos exactamente lo que necesitas saber si todavía eres un principiante y quieres empezar con el cripto trading.

¿Qué es el comercio de criptomonedas?

Cuando quieras invertir tu dinero, puedes hacerlo de diferentes maneras. Puede elegir invertirlo en acciones o, por ejemplo, practicar el comercio de divisas. Sin embargo, cada vez son más los operadores que optan por invertir su dinero en algo más que el Forex o las acciones. De hecho, invertir en criptodivisas es cada vez más popular.

El criptocomercio es el comercio de criptodivisas. El objetivo es comprar una criptodivisa por una cantidad baja, y luego venderla de nuevo por una cantidad mayor. El comercio de criptodivisas es cada vez más popular no solo entre los jóvenes, sino también entre los comerciantes que normalmente solo invierten en acciones.

Antes de que pueda operar con éxito con criptomonedas, es importante que aprenda cómo funciona el mundo de las criptomonedas. Puede hacerlo tomando un curso de formación en criptografía, o leyendo nuestros consejos para principiantes. Es importante saber que estos son, por supuesto, consejos, y no podemos garantizar que usted realmente va a ganar dinero con ellos.

Criptomonedas y tokens

Existen tanto criptomonedas como tokens. Sin embargo, hay una gran diferencia entre estos dos conceptos. Una criptomoneda es, de hecho, una moneda que funciona en su propia cadena de bloques. Por ejemplo, la criptomoneda de Ethereum es Ether (ETH), y la criptomoneda de la blockchain de Bitcoin es Bitcoin (BTC). Una cadena de bloques sólo puede representar una criptomoneda.

Sin embargo, varios tokens pueden funcionar en una cadena de bloques. Un token es algo que utiliza la tecnología de otra cadena de bloques. Por ejemplo, hay tokens que funcionan en la blockchain de Ethereum.

Diferentes criptomonedas

Existen diferentes tipos de criptomonedas. Por supuesto, Bitcoin (BTC) es la primera y más conocida criptomoneda. Sin embargo, hay muchas más monedas además del Bitcoin, que llamamos altcoins (monedas alternativas).

Las altcoins más conocidas son Ethereum (ETH), Dogecoin (DOGE), Solana (SOL), Ripple (XRP) y por supuesto Cardano (ADA). Cuando eres un principiante, es importante que sepas con qué criptodivisas puedes operar. Por lo tanto, investigue mucho sobre las criptomonedas que están disponibles. En CoinMarketcap puedes encontrar todo tipo de información como el precio del Bitcoin (BTC) y de las alt coins.

La última caída de Bitcoin

A nadie se le escapa: Bitcoin ha recibido fuertes golpes. Como cualquier mercado financiero, el comercio de Bitcoin está dirigido por la emoción.

O más bien, los inversores en criptomonedas se dejan llevar por la emoción y los recientes tuits de Elon Musk están causando mucho FUD ("Fear, Uncertainty, Doubt"). De forma totalmente inesperada, atacó al Bitcoin por el consumo de energía con combustibles fósiles y la huella de carbono.

A pesar de que esta historia ha sido desmentida muchas veces, la gente es muy sensible a esto, y cuando una celebridad tan grande grita algo, la mayoría de la gente lo cree inmediatamente y el miedo se acumula alrededor. ¿Qué significa esto para el precio del Bitcoin y otras criptomonedas?

La editorial Stellar Moon ha recopilado este libro para ofrecer una visión de los mejores consejos y estrategias de trading para 2021. Este libro ha sido escrito por un grupo de expertos en criptomonedas. Con este libro, nos esforzamos por ofrecerle la mejor información curada sobre el comercio y las inversiones en criptodivisas.

Justo cuando el precio de Bitcoin estaba rebotando recientemente, el miedo se instaló y la deflación fue significativa. La ventaja es que ahora destacan los niveles de soporte realmente sólidos. A pesar de todo el pánico: la barrera de los 30.000 dólares parece que no se romperá en breve. Ni siquiera Elon puede derribarla tan lejos!

Y el bitcoin tuvo una gran recuperación después de eso con un montón de noticias positivas que lo respaldan, vamos a tener un breve resumen de lo que implica esa noticia y cómo podría influir en el futuro del bitcoin y las criptodivisas.

Más predicciones futuras

El estratega bursátil Tom Lee, de la gestora de activos Fundstrat, sigue creyendo en la resurrección del bitcoin. En un análisis publicado el lunes, Lee indicó que la principal criptomoneda podría marcar nuevos récords si el mercado de valores toma la delantera con un renovado repunte bursátil.

Lee mantiene su previsión de que el bitcoin podría subir hasta un nivel de 125.000 dólares este año. El miércoles, el bitcoin cotizaba a un nivel de 37.000 dólares.

A mediados de abril, el bitcoin alcanzó un nivel récord de unos 65.000 dólares. Después, la criptomoneda retrocedió hasta situarse justo por encima de los 30.000 dólares en mayo.

Lee cree que el bitcoin está "tocando fondo". Deduce esto en parte por el hecho de que el precio del bitcoin apenas reacciona ya a la cobertura de noticias negativas.

En el mercado de valores, los índices bursátiles como el amplio índice S&P 500 y el índice Dow Jones están rondando niveles récord recientes. "Si el S&P 500 alcanza un nuevo máximo histórico, es obvio que las criptoacciones también buscarán nuevos récords", afirma Lee.

A esto, Lee añade en su análisis que los nuevos récords de los principales índices bursátiles no significan que el bitcoin vaya a alcanzar inmediatamente el antiguo nivel récord. Entonces es probable inicialmente una "consolidación" entre 35.000 y 60.000 dólares, escribe Lee.

"Veremos al bitcoin subir por encima de los 125.000 dólares antes de que acabe el año, pero seguimos siendo algo cautos a corto plazo. Una vez que el bitcoin cotice por encima de los 40.000 dólares, eso confirmará la afirmación de que el nivel de 30.000 dólares ha sido el mínimo en 2021", concluye Lee.

El doble de inversores en bitcoin en 2021
Según Crypto.com, a principios de este año había 106 millones de usuarios/propietarios de criptomonedas. Esto es coherente con una investigación anterior de la Universidad de Cambridge, que estimó el número de usuarios de criptomonedas en 101 millones después del tercer trimestre de 2020, por encima de sólo 35 millones de usuarios en 2018.

A lo largo de 2021, las criptomonedas están ganando sustancialmente en popularidad. Desde entonces, el número de usuarios se ha duplicado hasta alcanzar los 221 millones en junio, afirma Crypto.com. Según la plataforma, en los primeros meses del primer semestre sí influyeron factores diferentes a los del segundo:

En enero y febrero, fue principalmente el Bitcoin el que impulsó la adopción global de criptomonedas.

Ethereum (ether) se confirma en la encuesta como el claro número dos, aunque a una distancia considerable de Bitcoin.

En primavera, fueron sobre todo las altcoins, las monedas alternativas más pequeñas, como Dogecoin, las que despegaron. Como resultado, la cuota de mercado de Bitcoin se redujo del 67% en enero a otro 51% a finales de junio.

"Los acontecimientos que probablemente impulsaron la aceptación de las criptomonedas fueron la aceptación institucional masiva y el comercio de criptomonedas cada vez más fácil, junto con el efecto de celebridad de Elon Musk", escribe Crypto.com.

Índice de contenidos

11

Tu libro GRATIS

Si quieres empezar de forma rentable en el mundo de las criptomonedas, ¡asegúrate de descargar nuestro bono gratuito con **12 valiosísimos consejos para principiantes!**

Con este libro y estos consejos, tendrás garantizado un buen comienzo con tus futuras inversiones.

Regístrese aquí para obtener acceso instantáneo y comenzar su éxito en criptografía:

https://campsite.bio/stellarmoonpublishing

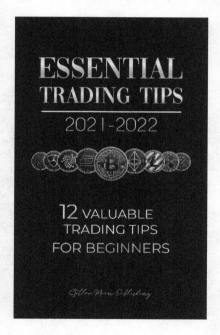

Nuestro curso de trading experto en

criptografía

¿Busca una nueva forma de invertir?

¿Quieres ganar dinero?

¿Está interesado en invertir pero no sabe por dónde empezar?

¿Quiere empezar a operar con criptomonedas con los conocimientos de reputados expertos en finanzas e inversiones?

El Curso de Trading Experto en Criptomonedas es el curso más completo sobre el trading y la inversión con criptomonedas. Usted aprenderá a operar en sólo unos minutos al día. Te enseñamos todo, desde el análisis técnico, la gestión del riesgo y mucho más.

Nuestro objetivo es ayudarle a convertirse en un operador de éxito para que su futuro financiero sea seguro.

Invertir nunca ha sido tan fácil con nuestro plan paso a paso que enseña a los principiantes a operar como un experto, ¡con el potencial de obtener enormes beneficios!

Lo mejor de este curso es que está impartido por expertos. Así que, ¿a qué esperas? Empieza hoy mismo!

Para más información, visite este enlace:

https://payhip.com/b/ork8N

Nuestros libros

Consulte nuestro otro libro para saber más sobre las
NFT, la negociación y la venta de NFT, cómo obtener
beneficios y los consejos y estrategias esenciales para
iniciarse a prueba de fallos en el universo de las NFT.

Únase al exclusivo Círculo de Publicación de Stellar
Moon, ¡obtendrá acceso instantáneo a **12 consejos
extremadamente valiosos sobre criptografía**!

Además, también obtendrá acceso instantáneo a
nuestra lista de correo con actualizaciones de nuestros
expertos cada semana.

Inscríbase hoy aquí:

17

El futuro de Bitcoin en 2021

El bitcoin sube a 115.000 dólares en agosto de 2021, según prevé Pantera
El fundador y consejero delegado de Pantera Capital, Dan Morehead, mantiene su previsión increíblemente positiva para el bitcoin en 2021. Afirma que el bitcoin sigue en camino de convertirse en 115.000 dólares en agosto de este año.

Predicción de existencias en flujo
En la versión de enero del correo Blockchain de Pantera, Morehead escribe que los movimientos del precio del bitcoin, aunque con un retraso de una semana, están procediendo exactamente como se predijo sobre la base de la previsión del flujo de valores publicada el año pasado.

'Bitcoin está en el camino correcto con el pronóstico que compartimos en nuestro correo de abril. Nuestro análisis se basó en la comparación de la disminución de la oferta/flujo de bitcoin en comparación con las existencias en circulación en el momento de cada reducción a la mitad, y el posterior impacto en el precio.'

Ponerse al día con el bitcoin
Según las predicciones de Pantera, el precio del bitcoin llevaba un retraso de hasta 15 semanas en julio de 2020. En diciembre, el bitcoin comenzó a ponerse al día con las predicciones de Pantera y, a mediados de enero, la criptodivisa líder alcanzó el noveno hito de las

previsiones de Pantera tras subir hasta los 38.000 dólares. Si el precio del bitcoin continúa siguiendo sus predicciones, la moneda subirá a 45.268 dólares el 15 de febrero.

Impacto de la reducción a la mitad
Las predicciones del fondo de inversión se basan en el ciclo de reducción a la mitad del bitcoin. Morehead dice que, históricamente, el precio del bitcoin siempre sube después de cada reducción a la mitad. Las mitades tienen lugar cada cuatro años.

Tras la primera reducción a la mitad en 2012, la oferta de bitcoins disminuyó algo más del 15% en un periodo de 446 días, mientras que las recompensas por bloque se redujeron a la mitad, de 50 a 25 BTC. Posteriormente, el mundo entero fue testigo de un aumento del 9.212% en el precio del bitcoin. Tras la reducción a la mitad en 2016, el bitcoin subió un 2.910%.

Si el bitcoin sigue la trayectoria prevista por Pantera, Morehead espera que la criptodivisa alcance su máximo en agosto de 2021 con un valor de 115.212 dólares. Esto supone un aumento de más del 1.091% tras reducirse a la mitad en mayo de 2020.

En stellar moon publishing, pensamos que un nuevo máximo histórico para el bitcoin es posible este año, pero es muy poco probable que ocurra a finales de agosto. También es cuando probablemente se publique

este libro, así que veremos si la predicción de pantera
es cierta.

¿Fondo ETF de Bitcoin en Europa?

La francesa Melanion Capital es la primera en Europa en lanzar un ETF de bitcoin regulado en Europa. El fondo de inversión, con sede en París, ha recibido el permiso de los reguladores franceses para lanzar un ETF que cumple la norma europea UCITS.

OICVM son las siglas de Undertakings fort he Collective Investment in Transferable Securities (Organismos de Inversión Colectiva en Valores Mobiliarios) y se refiere a un marco legal construido para la comercialización de fondos a nivel europeo. Los fondos que cumplen la norma UCITS se consideran los más seguros del continente y, por tanto, son muy demandados por los inversores. Por eso es muy interesante que Melanion presente un ETF de bitcoin que cumple con la norma UCITS.

El fondo debe seguir una cesta de 30 valores
Se pretende que el nuevo fondo de Melanion siga una cesta de hasta 30 valores de diferentes sectores que estén relacionados con el bitcoin. Aquí hay que pensar en los mineros de criptomonedas, pero también en las llamadas empresas de blockchain. Las cuales, según Melanion, muestran una correlación de hasta el 90% con el bitcoin y, por tanto, siguen en gran medida el precio de la criptodivisa más dominante.

"Todavía no he visto ningún fondo bajo el paraguas de los OICVM que se centre por completo en los activos digitales", declaró al Financial Times el abogado Winston Penhall, de Keystone Law en Londres. Según Penhall, el modo en que los legisladores ven el bitcoin y otras criptodivisas aún no está claro en muchos casos, añadió en sus declaraciones.

Los fondos OICVM que se venden en Europa también son generalmente populares en Asia y América Latina. A nivel mundial, se consideran el estándar de oro en términos de regulación de los fondos. La mayoría de los fondos europeos se adhieren a la norma OICVM, que ofrece un alto nivel de protección a los inversores. Sin embargo, las normas se crearon hace 30 años y, obviamente, el bitcoin y otras criptomonedas no se tuvieron en cuenta al redactarlas.

Todavía no hay normas para incluir el bitcoin en el fondo
Como resultado, la mayoría de los legisladores nacionales interpretan las normas de los OICVM en el sentido de que los activos digitales como el bitcoin no pueden incluirse directamente en un fondo. Eso hace prácticamente imposible lanzar un fondo OICVM que invierta principalmente en bitcoin. "La mayoría de las puertas de las finanzas tradicionales se están cerrando al bitcoin. El ETF supuso un gran reto debido a las sensibilidades y la política que rodean al bitcoin y a la inversión en él", dijo Jad Comair, director general de Melanion.

Como resultado, Melanion utilizará el ETF de bitcoin para invertir principalmente en mineros como Argo Blockchain y Riot Blockchain. Además, la empresa de inversión Galaxy Digital de Mike Novogratz puede esperar inversiones y el broker Voyager Digital también está en la lista. Las acciones se consideran en función de la sensibilidad que muestran al bitcoin. Cuanto mayor sea la correlación, más probabilidades tendrán de ser incluidos.

Ya existen varios productos financieros que siguen el precio del bitcoin, como el Wisdom Bitcoin ETP que se puede comprar en Europa. Aunque se trata de un producto financiero regulado, no cumple la norma OICVM y no puede poner esa etiqueta tan buscada. Por lo tanto, es poco probable que muchos capitales puedan invertir en este tipo de productos de inversión porque ofrecen suficiente protección a los inversores.

Bitcoin en El Salvador y el Banco Mundial

El Banco Mundial se ha negado a ayudar a El Salvador a integrar el Bitcoin en su infraestructura financiera, según un informe publicado hoy por Reuters.

El país centroamericano hizo historia la semana pasada al aprobar un proyecto de ley que convertía al Bitcoin en moneda de curso legal. Desde entonces, sin embargo, diversas autoridades, incluido el FMI, han echado un jarro de agua fría a la idea.

Si el Banco Mundial también rechaza el Bitcoin, está claro que los gobiernos mundiales no están de acuerdo con la libertad financiera.

El Banco Mundial dice no al Bitcoin
El Banco Mundial dijo que no ayudaría a la implementación de Bitcoin en El Salvador debido a las "deficiencias ambientales y de transparencia" de la principal criptomoneda.

Un portavoz del Banco Mundial confirmó que la organización sigue comprometida a apoyar a El Salvador en muchos aspectos para la transparencia y la regulación de las monedas. Pero esa oferta no se extiende a la asistencia para la implementación de Bitcoin.

"Aunque el gobierno se dirigió a nosotros para pedir ayuda con el bitcoin, esto no es algo que el Banco

Mundial pueda apoyar dadas sus deficiencias medioambientales y de transparencia", dijo el portavoz.

La respuesta surgió cuando el ministro de Hacienda de El Salvador, Alejandro Zelaya, se puso en contacto con el Banco Mundial para implantar el Bitcoin como moneda paralela al dólar.

Ni Zelaya ni sus colegas han respondido públicamente a la decisión del Banco Mundial.

Sin embargo, varios destacados defensores de Bitcoin han expresado su opinión sobre el tema. Anthony Pompliano insinuó una motivación cínica al decir: "CORRECCIÓN: El Banco Mundial no ha descubierto cómo ganar dinero con Bde ITCO. '

Mientras que Max Keizer, fiel a su forma, procedió a utilizar palabras soeces para expresar sus pensamientos sobre el tema. Incluso acusó al Banco Mundial de complicidad en la desigualdad financiera.

El Banco Mundial es una organización financiera mundial formada por 189 países miembros que conceden préstamos y subvenciones a los países empobrecidos para proyectos de capital.

Tiene dos objetivos: acabar con la pobreza de forma sostenible y promover la prosperidad compartida.

Sin embargo, en 2006, una investigación de cuatro meses del Proyecto de Gobierno señaló la corrupción en el Banco Mundial.

El informe estima que más del 20% de los préstamos que concedieron, unos 4.000 millones de dólares, estaban viciados por prácticas corruptas.

Los investigadores también descubrieron otros problemas en la organización, especialmente relacionados con el retraso de las investigaciones internas. Por ejemplo, una estructura que desalienta la denuncia de prácticas corruptas con castigos para los denunciantes.

Aunque este informe tiene 15 años, sigue poniendo de manifiesto la falta de responsabilidad de los organismos intergubernamentales de alto nivel.

¿Bitcoin llega a Uruguay?

Es más que posible que El Salvador tenga un sucesor en la forma de Uruguay en cuanto a la adopción del bitcoin como moneda de curso legal. De hecho, un senador uruguayo ha presentado una ley que convertiría las criptodivisas en moneda de curso legal en el país sudamericano.

La ley presentada el martes por el senador Juan Sartori pretende dar seguridad jurídica, financiera y fiscal a toda la industria que rodea a las criptodivisas en Uruguay. "Los criptoactivos serán reconocidos y aceptados por la ley. Además, serán reconocidos como moneda de curso legal", señala la propuesta.

Las criptomonedas son una oportunidad para la economía
Tras presentar la ley, Juan Sartori dejó caer en Twitter: "Las criptodivisas son una oportunidad para atraer inversiones y crear empleo." Así que, al igual que El Salvador, Uruguay ve la adopción del bitcoin como una oportunidad para trabajar en una mejor posición económica. Para los países cuyas débiles economías y monedas nacionales les obligan a elegir entre el dólar estadounidense o el bitcoin, sin duda puede ser interesante al menos probar una combinación.

El proyecto de ley estipula que cualquier persona física o empresa puede recibir o enviar criptomonedas como moneda de curso legal. Tanto en su propio banco como en los proveedores de servicios de criptografía autorizados en Uruguay.

Si el proyecto de ley llega a la línea de meta, el gobierno presentará una "licencia inicial" que debería permitir a las empresas comerciar con criptodivisas en las bolsas. Una segunda licencia debería permitir a las empresas guardar y almacenar criptodivisas. Una tercera licencia debería permitir a las empresas emitir sus propias criptomonedas o tokens. Todavía no está del todo claro qué es lo que debemos esperar de todo esto.

¿Qué probabilidad hay de que se apruebe el proyecto de ley?

Es más frecuente que haya políticos con planes descabellados que utilicen un proyecto de ley para generar atención para su propia campaña. A menudo estos personajes tienen una minoría política y no el poder de hacer pasar una propuesta por todas las puertas necesarias. Sin embargo, no se puede decir lo mismo de Juan Sartori y su Partido Nacional.

De hecho, la coalición en la que están Sartori y su Partido Nacional tiene una mayoría de 17 de los 30 escaños del Senado. Así que la Coalición Multicolor, tal y como va la vida, tiene el poder de llevar el proyecto de ley a la línea de meta. Así que ciertamente existe la posibilidad de que Uruguay se convierta en el segundo país, después de El Salvador, en tener el bitcoin reconocido como moneda de curso legal.

Paso a paso, los países de la periferia del sistema financiero empiezan a reconocer el potencial bote salvavidas económico que representa el bitcoin para ellos. Curiosamente, los países no tienen que ir a por todas para beneficiarse de ello. Sin abandonar por completo el sistema convencional de un plumazo, tienen la oportunidad de experimentar tranquilamente con el bitcoin para ver qué hace por la economía. Como hodlers *(poseedores de bitcoins a largo plazo),* obviamente no decimos que no a este tipo de desarrollo.

Bitcoin: ¿valor de más de un millón?

¿Es mejor comerciar o hodlar? Esa decisión depende enteramente de usted. Por lo tanto, en este análisis, hay algo para todos. Empezamos con el corto plazo, y luego miramos la perspectiva a largo plazo del bitcoin, basándonos en el trabajo del analista Dave the Wave.

La media se mueve en sentido contrario
Empezaremos por el corto plazo, que incluye velas que representan un periodo corto de tiempo. En el gráfico siguiente, cada vela representa 4 horas. La línea verde es la media móvil de las 50 velas, es decir, de 200 horas. Este es un periodo relativamente corto y por eso es un indicador tan importante para los próximos días. Como se puede ver a continuación, el precio del bitcoin ha estado bailando en esta cuerda floja durante dos meses. En varias ocasiones en julio, esto demostró ser una resistencia que el bitcoin no pudo superar, hasta el 21 de julio.

El impulso cambió y el precio rompió violentamente la tendencia de corto plazo. La 50MA (media móvil) pasó de ser un monstruo inconquistable a una zona de soporte. Mientras tanto, la 50MA se ha convertido de nuevo en una línea de resistencia y para que el bitcoin encuentre su camino al alza, la 50MA debe romperse a corto plazo.

El largo plazo de Dave la Ola

Hay varios modelos para decir algo sobre el largo plazo del precio del bitcoin. Los dos modelos del analista holandés PlanB son increíblemente populares. Dave the Wave también ofrece un modelo interesante, y su trabajo es a menudo visto como la contraparte de lo que PlanB ha creado. La tesis de Dave es que Bitcoin sigue su modelo de curva de crecimiento logarítmico. El crecimiento logarítmico sugiere ganancias exponenciales al principio que disminuyen lentamente a largo plazo.

Dice que si el bitcoin vale más de 100.000 dólares en diciembre de este año, entonces el modelo stock-to-flow sigue siendo válido y su curva de crecimiento logarítmico no es válida. Si el bitcoin no alcanza esa meta en diciembre, entonces se aplica obviamente lo contrario. Dave continúa diciendo que el bitcoin es una moneda emergente, pero que el camino hacia el éxito no es todo cuesta arriba. Prevé periodos de volatilidad en ambas direcciones, ya que nuevas personas añaden liquidez, pero también la retiran de nuevo. 'Bitcoin está siguiendo el camino del oro que se capitalizó durante cientos, si no miles de años, Bitcoin ya ha alcanzado una capitalización de mercado de 1 billón de dólares en sólo 12 años'.

Si el precio del bitcoin sigue su curva de crecimiento logarítmico, el bitcoin puede esperar un precio de entre 500 mil y 1 millón de dólares en unos diez años.

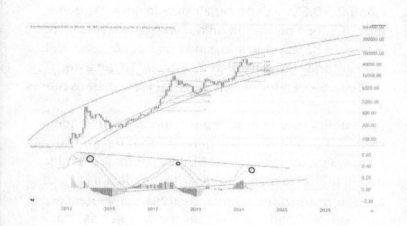

Explicación de su modelo

¿Qué estamos viendo? Este es un gráfico que cubre casi todo el historial de precios del bitcoin, cada vela representa 1 mes. La parte superior del gráfico muestra el precio y las líneas azules inclinadas muestran la tendencia. Sobre cada ciclo Dave lanza el indicador de Fibonacci, que son esas líneas rectas y delgadas con esos pequeños números.

La secuencia de Fibonacci es una serie de números que indica una progresión natural. Es común en la naturaleza y también se utiliza en muchos modelos matemáticos. El análisis financiero tampoco escapa a ella. La serie es muy sencilla. Empieza por el 0 y sigue con el 1, y además, ahora cada número posterior es la suma de los dos anteriores. Como ejemplo: 0, 1, 1, 2, 3, 5, 8, 13, 21, y así sucesivamente.

En los ciclos anteriores, el fondo estaba en el nivel de Fibonacci 0,618 y debe ser alcanzado antes de que el bitcoin pueda pensar en un nuevo máximo histórico. Este nivel no es arbitrario, sino que es el máximo del ciclo anterior (20 mil dólares). Bitcoin, según este modelo, descenderá a este nivel en los próximos meses.

Dave utiliza otro indicador para reforzar este modelo, el LMACD. Puede verlo en la parte inferior del gráfico y es una versión modificada del MACD, por lo que también puede utilizarse en escala logarítmica (de ahí la L). La abreviatura significa Moving Average Convergence Divergence. Donde convergencia y divergencia son palabras bonitas para "converger" y "divergir".

La línea azul en este caso es la LMACD y la línea naranja se llama línea de señal. Así, la clave aquí es encontrar los momentos en los que la línea LMACD y la línea de señal divergen (divergencia), o convergen (convergencia). Si la línea LMACD cae por debajo de la línea de señal, Dave cree que esto indica que se ha alcanzado el pico de este ciclo y que es un buen momento para vender. A la inversa, por supuesto, si el LMACD azul sube por encima de la línea de señal naranja, se ha alcanzado el fondo y el bitcoin puede esperar una subida de muchos meses.

Los momentos en que las dos líneas se cruzan se indican con un círculo negro.

¿Qué se puede esperar del bitcoin?
Así, el modelo de Dave the Wave predice que el pico de este ciclo ya se ha producido y que el bitcoin descenderá hasta los 20 mil dólares en los próximos meses. Es bajista a corto plazo, pero alcista a largo plazo.

¿Estrategia a largo plazo para el bitcoin?

Así que el bitcoin ha tenido otra subida recientemente y ahora parece estar recuperando el aliento con un precio por encima de los 35.000 dólares. Después de meses de consolidación, el bitcoin parece estar listo para una acción de precios verde de nuevo. Ya es hora de coger los datos de la cadena de bloques para ver cómo ha reaccionado el mercado al primer movimiento positivo del precio en meses.

Lo primero que hay que observar es el comportamiento vendedor de los hodlers *(poseedores de bitcoins a largo plazo)*. Con la aparición de algunas velas verdes, ¿han visto su oportunidad de tomar beneficios o se aferran a su bitcoin? Además de analizar el sentimiento de los hodlers (poseedores de bitcoins a largo plazo*)*, también profundizamos en el número de bitcoins en las principales bolsas, lo que siempre ofrece un panorama interesante.

¿Tienen los hodieros confianza en el futuro?
Después de un largo período de resultados mediocres para el bitcoin, finalmente se disparó como un cohete esta semana pasada. La gran pregunta, por supuesto, es cómo han recibido este repunte los bitcoiners experimentados. Parece que algunos de los que se dedican a esto han aprovechado esta tendencia alcista para tomar beneficios. De hecho, se han liquidado ganancias por valor de más de 1.500 millones de dólares en la cadena de bloques.

Frente a esos más de 1.500 millones de dólares de beneficios realizados, también hubo más de 200 millones de dólares de pérdidas realizadas. Es interesante observar que la estadística aSOPR de Glassnode ha sido un buen predictor de la cotización en los últimos tiempos. Esta estadística mide la relación entre las ganancias realizadas y las pérdidas en el mercado de bitcoins que han estado en la misma dirección durante más de una hora.

El valor aSOPR de 1 ha actuado como un buen nivel de resistencia en los últimos meses. Tras el repunte de la semana pasada, rompimos con firmeza esa barrera. Ahora, en lo que respecta al aSOPR, son posibles dos escenarios. El primer escenario es que el valor de 1 se convierta ahora en un nivel de soporte, lo que sería alcista, y el otro escenario es que caigamos a través del 1 y los osos vuelvan a tomar el control.

El número de bitcoins en las bolsas sigue disminuyendo

Esta semana ha sido inusual en lo que respecta a las salidas de bitcoins en los intercambios. De hecho, desde noviembre del año pasado, no han desaparecido tantos bitcoins de las principales bolsas como en la última semana. De hecho, estábamos en un ritmo en el que unos 100.000 bitcoins al mes salían de los intercambios hacia las carteras en cadena de los hodlers.

En total, los principales intercambios tienen ahora sólo el 13,2% de todos los bitcoins en circulación en sus carteras. A esto hay que añadir que muchos inversores minoristas alojan su bitcoin en un exchange. En los últimos meses, el bitcoin en las principales plataformas de intercambio subió, pero esa tendencia ha vuelto a invertirse firmemente.

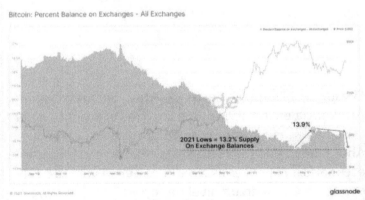

Bitcoin: Percent Balance on Exchanges - All Exchanges

Otro dato interesante es la dinámica entre Coinbase y Binance. Durante la mayor parte de 2021, Coinbase fue la bolsa con más salidas de las dos, y Binance incluso experimentó frecuentes entradas. Ahora, al menos en el caso de Binance, eso parece haberse invertido, ya que la bolsa vio una salida de unos 37.500 bitcoin esta semana. Coinbase tuvo que conformarse con una salida de 31.000 bitcoins. ¿Se avecina otra reducción de la oferta? No estaría mal.

¿Cómo hacerse rico con el bitcoin?

Dentro de 10 años, casi todos los bitcoins estarán minados, lo que significa que sólo se necesitarán 0,022 BTC para ser considerado apestosamente rico. Esto es lo que sostiene un redactor de Omgfin Exchange.

Una inversión de 900 dólares es suficiente
Al precio actual del bitcoin, una compra de 0,022 bitcoins cuesta unos 900 dólares, dependiendo del precio actual, pero el escritor dice que las tendencias actuales en la distribución de la riqueza mundial y la inevitable oferta limitada de bitcoins podrían significar que esto podría valer hasta un millón en el futuro.

Las opiniones están divididas al respecto, por cierto, y en realidad no es relevante para el resto de este artículo. Por cierto, el artículo se basaba en la situación del año pasado, utilizaremos las últimas cifras conocidas.

Los millonarios poseen el 46% de toda la riqueza
Según el Global Wealth Report 2021 de Credit Suisse, hay 56,1 millones de personas con un patrimonio superior al millón de dólares. El índice tiene en cuenta la riqueza de una persona, así como todos los activos en los que ha invertido, al tiempo que resta las deudas y los pasivos.

A pesar de representar sólo el 1% de la población mundial (sin contar los niños), los millonarios poseen el 46% de la riqueza mundial.

Según la distribución de la riqueza individual de Credit Suisse, 215.300 personas tenían un patrimonio superior a 50 millones. Y de éstas, otras 68.010 personas tenían un patrimonio de al menos 100 millones, y 5.332 incluso tenían activos de más de 500 millones.

Distribución justa del bitcoin

Actualmente, hay 18.775.881 bitcoins minados, lo que significa que hay 2.224.118 más por venir. En 10 años, la oferta será de 20,6 millones, es decir, el 98% de los 21 millones de monedas de la oferta total. Además, hay que tener en cuenta los 1,6 millones de monedas (el 8,78% según HodlWaves de Glassnode) que no se han tocado desde hace más de una década, lo que en la práctica deja un límite de 19 millones de bitcoin para todos los millonarios del mundo.

Entonces, se termina con 0,34 bitcoins por millonario, incluyendo las monedas que aún no han sido minadas. Para este experimento mental, asumimos una distribución proporcional sólo entre los millonarios.

Pero podemos ajustar esto aún más. Si restamos de esto todos los bitcoins que no se han movido durante cinco años o más, sólo quedan 16 millones de BTC. En este escenario, cada uno de los millonarios del mundo podría poseer sólo 0,37 bitcoin cada uno.

Además de los verdaderos millonarios, hay 583 millones de individuos con activos entre 100 mil y 1 millón de dólares. Estas personas no deben ser ignoradas como titulares potenciales, aunque su poder adquisitivo sea menor.

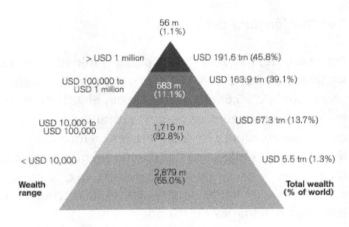

Number of adults (% of world adults)

Basado en la distribución de la riqueza

Suponiendo que el porcentaje de riqueza global en el gráfico anterior se mantenga, los millonarios representan 7,3 millones de monedas (45,8%) del total de bitcoins (menos las monedas perdidas). Según el informe, hay 56,1 millones de millonarios, lo que supone 0,13 bitcoins por millonario.

41

Los 583 millones de personas restantes, que actualmente tienen entre 100 mil y un millón, podrían poseer efectivamente otros 6,3 millones de monedas.

Eso hace un total de 13,6 millones de bitcoins, dividido por los toneleros + millonarios, se termina con 0,022 bitcoin por individuo de alto patrimonio.

¿Qué se puede concluir tentativamente con este experimento mental? Que con una inversión de 900 dólares en bitcoin al ritmo actual, puedes estar en la cima de la pirámide fiat.

Las mejores criptomonedas de 2021

1. Bitcoin

Sin duda, Bitcoin se ha convertido en la criptomoneda más popular y conocida del mundo.

Muchos comercios y empresas ya aceptan Bitcoin como medio de pago. Por ejemplo, Bitcoin ya se acepta como medio de pago válido en Microsoft y en Burger Kind.

Bitcoin pretende eliminar el control de las organizaciones centrales, como los bancos centrales y los gobiernos, en los sistemas de pago. Así, cada transacción es visible para todo el mundo.

Bitcoin es un gran proyecto en el que siguen trabajando diferentes equipos y desarrolladores. Un desarrollador puede aportar su granito de arena participando en los proyectos de las startups.

En este libro discutimos las recientes noticias que rodean al bitcoin y lo que se puede esperar para el 2021, todo y que es una inversión muy sólida para el largo y corto plazo.

A corto plazo para obtener beneficios con el comercio activo y a largo plazo para asegurarse de que una parte de sus ahorros estará a salvo de la inflación.

2. Ethereum

Ethereum (ETH) se considera la criptomoneda más popular después de Bitcoin.

Ethereum tiene algunas similitudes con Bitcoin, pero puede hacer aún más.

En concreto, las transferencias de Ethereum son más rápidas que las de Bitcoin y la tecnología blockchain de Ethereum puede gestionar más transacciones.

Además, a diferencia de Bitcoin, Ethereum también admite la tecnología de "contratos inteligentes". Se trata de una forma segura de llegar a acuerdos digitales sin necesidad de construir primero una confianza mutua. Bitcoin solo se centra en las transacciones digitales.

Por último y más importante, Ethereum también puede crear aplicaciones centralizadas (dApps). Utilizando la tecnología blockchain, estas dApps se ejecutan en una plataforma descentralizada sin autoridad central.

Por ejemplo, servicios como Facebook y Whatsapp están centralizados. Así que tus mensajes están bajo el control de estas autoridades. Con las dApps, este no es el caso.

Ethereum también se ve como una nueva era de Internet; una Internet que no está controlada por una empresa o persona y donde los usuarios pueden ser dueños de sus propios datos.

Expectativa del precio de Ethereum

Estimar la expectativa de precio de Ethereum es difícil. A principios del nuevo año, el precio se disparó, pero al igual que el Bitcoin, también se ha desplomado parcialmente de nuevo.

Ethereum está actualmente en pleno desarrollo. El número de desarrolladores y colaboraciones está creciendo rápidamente. Con el tiempo, esto podría significar que más personas utilizarán Ethereum, lo que podría dar lugar a un aumento del precio. No sabemos con certeza si esto ocurrirá realmente.

Una buena influencia en el precio será la actualización discutida en el capítulo más adelante en el libro. le aconsejamos que lea para asegurarse de que puede hacer una evaluación adecuada en una inversión en Ethereum.

3. Cardano

Cardano es conocida como la tercera generación de blockchain y fue fundada por el cofundador de Ethereum. Por tanto, Cardano es muy similar a Ethereum.

El objetivo de Cardano es llevar a cabo aplicaciones financieras que puedan ser utilizadas por millones de consumidores en todo el mundo, por ejemplo por empresas, consumidores y gobiernos.

Cardano es hasta ahora la única moneda en la que se ha desarrollado la cadena de bloques en la que se ha realizado una investigación científica para ver dónde están los problemas en la práctica.

El blockchain fue construido por un equipo de ingenieros y académicos (expertos en la industria).

Cardano todavía está en proceso de desarrollo. Así que no ocurrirá pronto que se pueda pagar con Cardano dentro de un año.

Diferencia entre Proof of Stake (Pos) y Proof of Work (Pow)
Se utilizan dos técnicas para validar las transacciones:

- Prueba de trabajo
- Prueba de participación

¿Cómo funciona la prueba de trabajo?
La persona que hace más trabajo para resolver un problema recibe una recompensa. Esto se llama minería. Para validar las transacciones, los mineros deben resolver un rompecabezas matemático. Con cada nuevo bloque, el rompecabezas se vuelve más difícil y, por tanto, se consume más energía.

Ejemplos: Bitcoin y Litecoin

¿Cómo funciona la prueba de participación?

La persona con el mayor número de monedas en la red valida las transacciones y recibe una recompensa. También se tiene en cuenta el tiempo que los inversores han mantenido las monedas. En este mecanismo no hay minería, ya que todas las monedas ya han sido creadas.

Ejemplo: Cardano

Cardano, a diferencia de Bitcoin por ejemplo, funciona con Proof of Stake (PoS). La mayor ventaja de esto es que se requiere mucha menos potencia de cálculo y, por tanto, se consume menos energía por transacción. Como resultado, los costes de las transacciones disminuyen.

Las ventajas para Cardano
Adaptable - Se pueden hacer ajustes fácilmente. Esto permite mejorar la tecnología de Cardano con relativa rapidez.

Cooperación reguladora - Cardano intenta tener en cuenta las regulaciones de los distintos países.

Un plan de futuro apretado - En 2021, hay muchos proyectos previstos para esta empresa; mejorar los contratos inteligentes, añadir escalabilidad y mejorar la toma de decisiones.

Desventajas de Cardano

El proyecto está todavía en desarrollo - No hay muchas características disponibles en este momento. El proyecto aún tiene que demostrar su valía.

Expectativa de futuro de Cardano
También es difícil para Cardano estimar hacia dónde va en el futuro.

La mayoría de los expertos son positivos sobre el futuro. De hecho, el equipo de Cardano sigue mejorando su blockchain a un ritmo rápido.

4. Binance Coin

La Binance Coin funciona de forma diferente a todas las demás criptomonedas mencionadas en este artículo.

La Binance Coin es la moneda de la popular plataforma de criptomonedas Binance. En Binance, puedes vender y comprar todas las criptomonedas conocidas. Al utilizar la Binance Coin en la plataforma al comprar y vender criptodivisas, obtienes un descuento. La Binance Coin se lanzó en julio de 2017 y es similar al Bitcoin.

Beneficios de Binance Coin
Bajas tasas de transacción - El uso de la moneda Binance mantiene el coste de sus transacciones bajo.

Destrucción de monedas - Binance quema monedas cada cierto tiempo. Esto significa que la oferta se reduce. En caso de que la demanda crezca entonces el precio de la moneda crece.

Dependiendo de la popularidad de Binance - El valor de la moneda Binance depende de la plataforma Binance. Se espera que Binance siga creciendo en los próximos años y también el valor de la moneda.

Desventajas de Binance Coin
El descuento desaparecerá en el futuro - Binance ha anunciado que el descuento en las tasas de transacción desaparecerá después de 5 años.

Previsión del precio de Binance Coin
No se puede hacer una predicción exacta sobre la expectativa de precio ter para Binance Coin.

Los expertos creen que el precio de Binance Coin aumentará significativamente en los próximos años debido a la creciente popularidad de la plataforma de intercambio.

¿Quieres comprar Binance Coin? A la hora de comprar, mantente siempre atento a todas las noticias de Binance Coin para conocer cualquier novedad.

5. Polkadot
Polkadot fue fundada por Gavin Wood, cofundador de Ethereum. Fue una reacción al lento desarrollo de Ethereum y por ello puso en marcha la Fundación Web3.

Polkadot es una red multicadena compartida que conecta múltiples blockchains en una red unificada.

Esto permite que estas cadenas de bloques independientes compartan información y transacciones. Así, los usuarios pueden combinar información de diferentes blockchains.

El objetivo de Polkadot es hacer realidad una web totalmente descentralizada en la que los usuarios tengan pleno control y propiedad de sus datos e identidad en lugar de los monopolios de Internet.

Las ventajas de Polkadot
Mecanismo único - Polkadot se distingue por un mecanismo compartido en el que varias blockchains independientes pueden trabajar juntas. Así, las aplicaciones de Ethereum, Bitcoin y Cardano, por ejemplo, también pueden utilizarse dentro de Polkadot.

Sharding - El procesamiento y la verificación de las transacciones no tienen que ser aprobados por toda la red, sino que pueden ser distribuidos a través de la red. Esto hace que las transacciones sean rápidas y baratas.

Personalizable - Cada blockchain se puede personalizar y es fácil de actualizar. Los equipos de desarrollo pueden así optimizar su red en términos de finanzas, juegos, IoT, redes sociales, etc. Ya hay 350 proyectos que están construyendo activamente en la red.

Las desventajas de Polkadot
Proyecto joven - Polkadot se lanzó en mayo de 2020.
Así que el proyecto no tiene ni siquiera 1 año de edad
todavía.

El futuro de Polkadot
En pocos meses, Polkadot ha subido con relativa
rapidez, para luego caer bruscamente de golpe.

Aun así, los expertos creen que la subida continuará en
los próximos años, pero hacer una predicción exacta a
largo plazo es difícil en el mercado de las
criptomonedas.

6. Cadena de eslabones
Chainlink fue fundada en 2017 por la empresa fintech
SmartContract. Chainlink quiere poner los contratos
inteligentes a disposición de todo el mundo.

Chainlink ha resuelto un problema con el que se
encuentra Ethereum. El problema es que los datos
externos no pueden incorporarse a un contrato
inteligente.

Chainlink proporciona un vínculo entre los contratos
inteligentes (acuerdos) y las plataformas de blockchain.
A través de un oráculo, se pueden seguir procesando
datos externos en un contrato.

Un oráculo envía datos externos (lo que ocurre en el mundo real) a la blockchain, para que estos datos puedan ser utilizados.

Chainlink ya trabaja con SWIFT, Gartner y Google.

Las ventajas de los eslabones de la cadena
Posición única - No hay ninguna otra criptomoneda que ofrezca la misma aplicación que Chainlink.

Apto **para todas las plataformas** - Funciona tanto con Bitcoin, Ethereum, etc. Así que no importa qué moneda se convierte en la más exitosa.

Conexión con el mundo real - Chainlink permite conectar el mundo real y los contratos inteligentes.

Las desventajas de los eslabones de la cadena
Menos fiable - Al utilizar datos externos, la fiabilidad se ve comprometida. Esto se debe a que el propietario de la fuente de los datos externos puede modificar los datos para influir en el contrato.

El éxito depende de las grandes empresas - Para que el proyecto tenga éxito, las grandes empresas deben asociarse con Chainlink.

No hay plan de futuro - La empresa no ha publicado una hoja de ruta, por lo que no está claro qué piensan hacer en el próximo año o años.

El futuro de Chainlink

Al igual que otras criptomonedas, el precio de Chainlink también ha subido y bajado considerablemente en los últimos meses.

Las expectativas de precio de Chainlink por parte de los expertos son positivas. Un experto en criptomonedas afirma que Chainlink podría llegar a valer 100 dólares a finales de 2025.

7. Litecoin

Litecoin existe desde 2012 y es una de las 10 principales criptomonedas desde entonces. Litecoin fue fundada por un antiguo empleado de Google, Charlie Lee, y es muy similar a Bitcoin.

El objetivo de Litecoin es hacer que los pagos sean más rápidos y baratos que el Bitcoin. Al igual que Bitcoin, utiliza la tecnología blockchain, que deja a los bancos y a los gobiernos fuera de juego en lo que a pagos se refiere.

Litecoin, al igual que Bitcoin, también es aceptado por algunas empresas como medio de pago.

Las ventajas de Litecoin

Descentralización - Las transacciones se almacenan en la cadena de bloques al igual que Bitcoin. Por lo tanto, no hay ninguna autoridad central que controle Litecoin.

Transacciones rápidas: una transacción con Litecoin se realiza en 2,5 minutos frente a los 10 minutos de Bitcoin.

Transacciones baratas - Además, la comisión media por transacción es de 0,01 dólares. En comparación, Bitcoin tiene unas tasas de transacción medias de 3 dólares.

Adaptable - Los cambios en el protocolo pueden realizarse rápidamente.

Las desventajas de Litecoin
Utilizada en la Dark Web - Litecoin es una de las criptomonedas más utilizadas en la Dark Web. Este hecho no es un buen marketing para la moneda.

El dueño de Litecoin vendió todos sus Litecoins - Charlie Lee vendió todas sus monedas en diciembre de 2017 cuando el precio era alto. Como resultado, la criptomoneda perdió credibilidad durante un tiempo.

El futuro financiero de Litecoin
Las expectativas sobre el precio del Litecoin son muy variadas, pero casi todas son positivas. Como puede ver, el precio del Litecoin ha subido considerablemente en los últimos meses, y ha vuelto a bajar de forma significativa.

El precio del Litecoin depende en gran medida del precio del Bitcoin. ¿Sube el Bitcoin? Entonces es muy probable que el precio del Litecoin también suba.

8. XRP

Ripple (XRP) se centra en permitir pagos rápidos y baratos a través de una plataforma descentralizada.

Se trata de una red de pares para las transferencias internacionales de dinero y proporciona a las instituciones financieras un protocolo de pago digital.

En lugar de poner a los bancos fuera del negocio, en realidad entra en colaboración con varios bancos e instituciones financieras. Un gran número de organizaciones ya han apoyado a Ripple, como el Banco Santander y American Express.

A diferencia de otras criptomonedas, Ripple no trabaja con la tecnología blockchain. Ripple ha desarrollado su propia tecnología para procesar y verificar las transacciones: Ripple Protocol Consensus Algorithm (RPCA).

Esto tiene la característica de que las transacciones son relativamente baratas y consumen menos energía.

Las ventajas de Ripple

Transacciones instantáneas: Ripple puede procesar los pagos en 5 segundos utilizando una red de servidores.

Versatilidad - Ripple no pretende sustituir un sistema de pago, sino trabajar con las instituciones financieras.

Así, puede utilizarse para intercambiar cualquier moneda, incluidas las criptomonedas.

Tasas de transacción extremadamente bajas - La tasa de transacción de un pago es de 0,0001 dólares. En comparación con otras criptomonedas, esto es extremadamente barato.

Dirigida a instituciones financieras y bancos - La tecnología pretende introducir un nuevo protocolo de pago digital que resuelva los problemas de los sistemas de pago actuales.

Las desventajas de Ripple
Los grandes poseedores de tokens tienen mucho poder - La empresa posee hasta el 70% de las monedas, lo que les da una posición de poder. Por lo tanto, ellos solos pueden hacer que el precio baje o suba.

Demanda en curso contra Ripple - El resultado de esta demanda puede tener un efecto importante en el precio de Ripple. Si hay un resultado negativo, podría incluso significar el fin de Ripple.

El futuro financiero de Ripple
Lamentablemente, es imposible hacer una previsión de precios para el futuro de Ripple u otras criptomonedas en este mercado tan volátil.

Las expectativas de los expertos son muy variadas. La mitad no prevé ningún problema y la otra mitad ve que el precio va a caer (incluso a 0). El resultado del juicio tendrá un impacto en el precio. Este resultado se espera antes del 16 de agosto de 2021.

Bitcoin frente a Ethereum

¿Cuál es la diferencia y qué criptomoneda tiene un futuro más prometedor?

Anteriormente explicamos que el Bitcoin tiene un tremendo potencial a largo plazo, pero ¿cómo se enfrenta al número 2? Debería invertir en ambas monedas?

Bitcoin y Ethereum son las dos mayores criptomonedas en capitalización de mercado. Los coinversores suelen optar por mantener sólo una de las dos en su cartera. A pesar de ese enfoque, estas criptomonedas siguen siendo muy diferentes. ¿Cuáles son las mayores diferencias? ¿Por qué la gente cree en una y no en la otra? Algunos expertos del sector arrojan su luz sobre el

asunto.

La carrera de Ethereum en el último año

2021 ha demostrado ser el año de Ethereum. La segunda criptomoneda se está acercando rápidamente a la capitalización de mercado de Bitcoin. Por ejemplo, con una capitalización de mercado de 501.000 millones de dólares, la moneda es más valiosa que el banco de inversión estadounidense JP Morgan en el momento de escribir este artículo.

Aun así, el mayor contrincante de Bitcoin tiene un largo camino que recorrer si quiere superar la capitalización de mercado de Bitcoin (actualmente de 1 billón de dólares). Recientemente, 1 Bitcoin valía la friolera de 13,25 Ethereum.

¿Qué es exactamente Ethereum?

La moneda Ethereum (ETH) es una de las monedas con mayor capitalización de mercado. Una alta capacidad de mercado suele indicar que hay mucha fe en una moneda concreta, y la moneda Ethereum, al igual que Bitcoin, tiene mucha fe.

Mientras que los inversores son escépticos sobre el futuro de Bitcoin, el futuro de la moneda Ethereum parece ser brillante por el momento. De hecho, el precio de la moneda Ethereum aumentó más del 3000% en 2017.

Por supuesto, la pregunta es siempre si invertir en esta moneda virtual sigue mereciendo la pena. Para poder responder a esta pregunta por sí mismo, esta página le explicará el principio de la moneda. De este modo, podrá hacerse una idea de qué tipo de moneda es y cómo ve el futuro de Ethereum.

¿En qué se diferencia de Bitcoin?

Mientras que Ripple, por ejemplo, se centra en agilizar las transacciones para el mercado financiero, la moneda Ethereum se centra en el uso de aplicaciones. El principio de la tecnología Ethereum es crear una situación en la que las aplicaciones puedan utilizarse sin la intervención de una autoridad central. Las aplicaciones que utilizan esta tecnología también se denominan DApps (o aplicaciones descentralizadas). La principal ventaja de las aplicaciones que utilizan la tecnología Ethereum es que básicamente no hay más pérdida de datos, manipulación de datos, censura dentro de la aplicación o tiempo de inactividad de la aplicación.

El precio de la moneda Ethereum está determinado por algo más que la oferta y la demanda entre los inversores. El precio depende mucho más del uso que se haga de las DApps. Un gran número de empresas de todo el mundo apoyan el concepto de Ethereum. Como resultado, no es de extrañar que el valor de la moneda haya subido de forma espectacular en 2017.

En el mercado de las criptomonedas, Ethereum sigue siendo una moneda relativamente nueva. El precio de Ethereum ha aumentado constantemente desde su creación en 2015. En 2017, el precio de Ethereum aumentó más del 3000%. Esta subida se explica fácilmente porque más empresas internacionales expresaron su interés en Ethereum.

Empresas multinacionales como ING, Microsoft, BP y Deloitte, por nombrar algunas, ya se han unido a la Enterprise Ethereum Alliance (una asociación fundada por Ethereum). Las mayores empresas del mundo están cada vez más interesadas en colaborar con Ethereum. Cuantas más grandes empresas utilicen la red Ethereum, más confianza habrá en la moneda. Una mayor confianza, por supuesto, se traduce en un tipo de cambio más alto.

La compra de monedas Ethereum es similar a la compra de Bitcoin. Ethereum está vinculado a todos los conocidos "intercambios de criptodivisas", por lo que es extremadamente sencillo comprar la moneda con otras criptodivisas.

La compra de Ethereum es similar a la de Bitcoin. Ethereum está vinculado a todos los conocidos "intercambios de criptodivisas", por lo que es extremadamente sencillo comprar la moneda con otras criptodivisas.

Las monedas de Ethereum también pueden comprarse con dólares a través de varios proveedores internacionales. Dado que no todos los intercambios cobran una tasa de transacción razonable, es mejor quedarse con las partes más conocidas. El truco para comprar monedas Ethereum es, por supuesto, esperar el momento adecuado para comprar. Muchos inversores compran las monedas cuando están a punto de perder valor.

La criptomoneda Ethereum es relativamente estable (en la medida en que una criptomoneda puede ser estable). A pesar de que la moneda es relativamente estable, invertir en criptodivisas es siempre arriesgado.

En consecuencia, sólo invierta en Ethereum con fondos que pueda permitirse perder. Mucha gente cree que es necesario comprar monedas completas de Ethereum; sin embargo, no es así. También puede comprar media moneda o menos.

Las monedas de Ethereum se pueden depositar utilizando un monedero online o offline. Para el depósito online de monedas Ethereum, tienes un gran número de proveedores de monederos online entre los que elegir.

Ethereum puede comprarse en línea a través de bolsas como Binance. Dado que las monedas de Ethereum tienen un valor relativamente alto, cada vez más personas optan por mantener sus monedas seguras fuera de línea. También se puede elegir entre un monedero de hardware y un monedero móvil.

NFT y Ethereum

Una de las razones por las que Ethereum podría ver una buena subida de precios en los próximos años es por los NFT (tokens no fungibles).

Las NFT se han hecho muy populares en poco tiempo, incluso entre los artistas que esperan ganarse un poco de calderilla en tiempos de coronación. ¿O calderilla? Algunas obras de arte NFT cambian de manos por millones.

El revuelo en torno a los tokens no fungibles está atrayendo a los recién llegados al mundo de las criptomonedas. Tienen curiosidad por saber qué son las NFT o esperan hacerse ricos rápidamente comerciando con arte digital.

Las ventas de NFT se realizan principalmente a través de la plataforma Ethereum, al igual que Bitcoin, una red descentralizada basada en el concepto de blockchain. Pero no basta con tener una cartera digital llena de éter -una de las criptomonedas más populares-.

Si quieres leer más sobre el arte de las NFT y el comercio de las mismas, puedes consultar nuestro libro sobre el tema.

Resumen:

- Ethereum es una plataforma descentralizada que utiliza la tecnología blockchain de la que fue pionero el misterioso Satoshi Nakamoto -seudónimo- creador de Bitcoin.
- Mientras que Bitcoin ha descubierto una forma de transferir valor digitalmente, directamente de persona a persona, Ethereum está adoptando un enfoque diferente", escribe el sitio web especializado BTC.direct. Se dice que la red Ethereum es la base de un nuevo tipo de Internet. Además, el "ecosistema" de Ethereum sirve de base para el desarrollo de aplicaciones descentralizadas (DAPP) y contratos inteligentes.
- Las DAPP serían mucho más respetuosas con la privacidad y seguras que las actuales aplicaciones centralizadas de Internet. Además, no son censurables.

¿Cómo ven el futuro los grandes inversores de Ethereum?

Tally Greenberg, jefe de desarrollo de negocio de la empresa de software Allnodes, dice lo siguiente sobre Ethereum:

La ventaja tecnológica y la utilidad del ecosistema de Ethereum es mucho mayor que la de Bitcoin, y creo que los inversores están empezando a verlo también. Actualmente hay más de 75.000 millones de dólares invertidos en proyectos DeFi en la blockchain de Ethereum -hace apenas un mes eran 40.000 millones-. Solo los contratos inteligentes soportados por la red ofrecen infinitas posibilidades y deberían ser suficientes para que Ethereum tenga una ventaja competitiva sobre Bitcoin.'

Steve Ehrlich, director general y fundador de la empresa de corretaje de criptomonedas Voyager Digital:

"Creo que Ethereum ofrece mejores perspectivas debido a su utilidad, funcionalidad y ecosistema". Los clientes de Voyager (broker de criptoactivos, ed.) que poseen tanto Bitcoin como Ether han comenzado a tener más Ether en los últimos meses. También estamos viendo que nuestros mayores inversores se están sintiendo más cómodos con el perfil de riesgo/recompensa de Ether. La blockchain de Ethereum está impulsando el ecosistema más desarrollado para las finanzas descentralizadas y las NFT, que están ganando popularidad. Ethereum

también recibirá una -interesante- actualización en un futuro próximo".

"Existe la expectativa de que el ETH sea reconocido por los inversores institucionales", **dice Megan Kaspar, directora gerente de la firma de criptoinversión Magnetic.**

"Creo que el éter ganará terreno. Cuando los inversores sean conscientes de las oportunidades tecnológicas, los flujos de capital se desplazarán hacia el Ether. A largo plazo, los análisis técnicos y fundamentales muestran que Ether tiene un mayor potencial de subida que Bitcoin. "

¿Cuál es la diferencia entre Bitcoin y Ethereum?

La red Ethereum permite a los desarrolladores construir sus propias aplicaciones descentralizadas; Bitcoin no tiene esto.

Otra diferencia es que el creador de Ethereum es conocido, mientras que el de Bitcoin no lo es.

La oferta determina el precio de Bitcoin (a diferencia de la moneda fiduciaria, la oferta de Bitcoins es escasa y finita). Con Ether, sin embargo, hay otros factores en juego: por ejemplo, la red permite a las start-ups emitir un token para su propio proyecto de blockchain.

Ahora mismo, los inversores deberían tener tanto Bitcoin como Ethereum en sus carteras.

Bitcoin tiene muchas posibilidades de seguir siendo el principal criptoactivo del mundo, mientras que Ethereum tiene muchas posibilidades de convertirse en la principal plataforma de desarrollo de software distribuido del mundo.

Por ello, si quiere sacar el máximo partido a su cartera, **invierta en ambas cosas ahora.**

La actualización de Ethereum en 2021

El 5 de agosto es la fecha: la tan esperada actualización de la red Ethereum seguirá adelante. En un principio, debía producirse el 4 de agosto, pero el proyecto se retrasó un día.

La actualización se denomina "London hardfork" y se realizará en el bloque número 12.965.000 de la blockchain de Ethereum.

Se implementarán algunas mejoras largamente esperadas, denominadas Propuestas de Mejora de Ethereum. La más conocida es la polémica EIP-1559.

Hay cuatro cosas que debes saber sobre la próxima actualización de la red Ethereum.

1. El EIP-1559 debería hacer más previsibles los costes de transacción
Los costes de las transacciones en la red Ethereum han aumentado astronómicamente desde principios de este año, en parte debido a la creciente popularidad de las finanzas descentralizadas, o DeFi. Esta sustituye una serie de instituciones financieras centralizadas y reguladas por sistemas y productos descentralizados construidos generalmente en la blockchain de Ethereum.

Los desarrolladores de Ethereum quieren resolver los crecientes costes de las transacciones con una serie de cambios.

En el sistema actual, los usuarios tienen que pagar una tasa para que se realice una transacción. Son ellos los que deciden la cuantía de esa tasa (aunque hay un importe mínimo). Cuanto más se paga, más rápido se realiza la transacción. Los usuarios pujan entre sí.

Esto puede acarrear costes considerables, ya que el valor del éter en euros o dólares puede fluctuar considerablemente. Hay cierto tiempo entre la colocación de una transacción y su procesamiento. Si el valor del éter ha subido considerablemente durante ese periodo, esto puede provocar costes imprevistos.

El 5 de agosto es la fecha: la tan esperada actualización de la red Ethereum sigue adelante. En un principio, debía producirse el 4 de agosto, pero el proyecto se retrasó un día.

La actualización se denomina "London hardfork" y se realizará en el bloque número 12.965.000 de la blockchain de Ethereum.

Se implementarán algunas mejoras largamente esperadas, denominadas Propuestas de Mejora de Ethereum. La más conocida es la polémica EIP-1559.

1. El EIP-1559 debería hacer más previsibles los costes de transacción

Los costes de las transacciones en la red Ethereum han aumentado astronómicamente desde principios de este año, en parte debido a la creciente popularidad de las finanzas descentralizadas, o DeFi. Esta sustituye una serie de instituciones financieras centralizadas y reguladas por sistemas y productos descentralizados construidos generalmente en la blockchain de Ethereum.

Los desarrolladores de Ethereum quieren resolver los crecientes costes de las transacciones con una serie de cambios.

En el sistema actual, los usuarios tienen que pagar una tasa para que se realice una transacción. Son ellos los que deciden la cuantía de esa tasa (aunque hay un importe mínimo). Cuanto más se paga, más rápido se realiza la transacción. Los usuarios pujan entre sí.

Esto puede acarrear costes considerables, ya que el valor del éter en euros o dólares puede fluctuar considerablemente. Hay cierto tiempo entre la colocación de una transacción y su procesamiento. Si el valor del éter ha subido considerablemente durante ese periodo, esto puede provocar costes imprevistos.

Los desarrolladores de Ethereum también están trabajando en la llamada fragmentación: dividir la cadena de bloques en múltiples cadenas. Esto debería aumentar en gran medida la velocidad de las transacciones y la capacidad de la red.

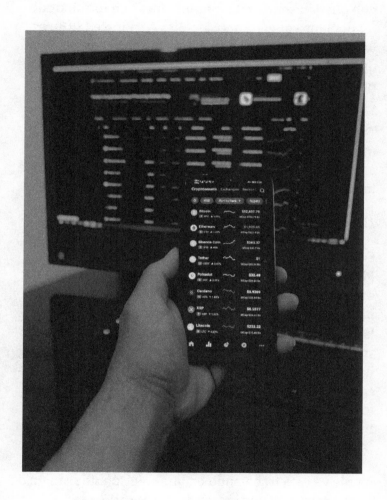

¿Por qué llama la atención Ripple?

Aparte de Bitcoin, hay una plétora de otras criptodivisas que pueden ser mucho más lucrativas en términos de rendimiento que el conocido Bitcoin. Ripple (XRP), es una de las criptodivisas con una enorme capitalización de mercado. Desde finales de 2017, el precio de la moneda Ripple ha subido drásticamente, y sigue fluctuando significativamente hasta el día de hoy.

Te estarás preguntando: "¿Es el Ripple una buena moneda para invertir?". Para dar una respuesta satisfactoria, en este capítulo profundizaremos en todo lo relacionado con Ripple.

¿Qué es Ripple?

Empecemos por responder a la pregunta: "¿Qué es Ripple?". Las criptodivisas se desarrollaron tras la crisis económica, en parte para reducir la influencia de los bancos en las transacciones económicas. Mientras que la mayoría de las criptodivisas actuales siguen basando sus perfiles en este concepto, la moneda Ripple no lo hace. Ripple, por el contrario, es una moneda centralizada diseñada para permitir que las instituciones financieras (incluidos los bancos) y las transacciones internacionales se completen más rápidamente.

Ripple ya está trabajando en una solución de sistema de pagos para gran parte del tráfico bancario de Santander, Reise Bank, BBVA, Bank of America y

UniCredit, entre otros. Ya tienen una participación del 40% en el sistema de pagos de los bancos de Asia.

Se espera que la tecnología de Ripple despierte el interés de un número creciente de bancos. Como resultado, se espera que el número de bancos que utilizarán esta tecnología crezca rápidamente.

Por supuesto, "acelerar las transacciones internacionales" no suena muy claro ahora. El principio de la tecnología Ripple se explicará con más detalle mediante un breve ejemplo: Hay una diferencia de divisas cuando un cliente quiere hacer una transacción desde un banco español (por ejemplo, el Santander) a un banco estadounidense (por ejemplo, el Bank of America).

El cliente español transfiere la cantidad en euros, y ésta llega en dólares al banco americano. Para realizar estas operaciones, el Banco de Santander tiene una cuenta en Bank of America y Bank of America tiene una cuenta en el banco de Santander, las llamadas cuentas nostro y vostro.

Realizar un pago en España a un banco estadounidense lleva mucho tiempo debido a los numerosos eslabones de este proceso. Ripple se centra en acelerar este proceso, completando las transacciones en moneda Ripple.

Hacer un pago ya no lleva varios días, sino sólo unos segundos. Esto no solo reduce los costes de las transacciones para los bancos, sino que los clientes de los bancos también pueden completar sus transacciones más rápidamente.

La demanda de Ripple

La SEC presentó por sorpresa una demanda contra Ripple y dos de sus ejecutivos, el cofundador Chris Larsen y el consejero delegado Brad Garlinghouse, en diciembre. El regulador alega que seguir vendiendo XRP a inversores particulares viola las leyes de valores.

La SEC espera fortalecer su caso demostrando que Ripple manipuló a propósito la expectativa del precio del XRP de la criptodivisa con anuncios estratégicamente programados.

Hasta ahora, el análisis de Larsen y Garlinghouse de las billeteras de criptomonedas ha revelado que cantidades masivas de XRP fueron entregadas a intercambios basados en suelo extranjero. Sin embargo, Ripple "no entregó ningún documento de cuenta de activos digitales con base en el extranjero ni explicó de otro modo la importancia de estas transferencias de XRP", según la carta de la SEC.

"Aunque la SEC también ha intentado obtener esta información directamente de Ripple, ésta le ha informado recientemente de que tampoco la tiene, lo que deja la única vía de investigación en el extranjero", explica la carta.

Sin embargo, parece que las investigaciones no han empezado con buen pie, ya que las peticiones a nueve reguladores extranjeros diferentes han vuelto con las manos vacías. Según la carta, dos reguladores se negaron a ayudar y otros tres se negaron a permitir que la SEC publicara sus comunicaciones. Sólo un regulador sugirió que la SEC podría utilizar las conversaciones entre las dos partes para reforzar su caso.

Si el tribunal concede la moción de Ripple, la SEC tendría que hacer peticiones de cese y desistimiento a los reguladores extranjeros, poniendo fin a esta línea de investigación.

¿Cuál es el precio de Ripple?

Ahora que hemos cubierto los fundamentos y las recientes noticias que rodean la demanda contra Ripple, vamos a llegar al fondo de la cuestión: ¿Cuál es el precio de Ripple? Ripple se fundó en 2012 con el objetivo de acelerar las transacciones financieras. Mientras que el precio era inicialmente estable (bajo), ha subido significativamente desde finales de 2017.

Ripple se convirtió en una empresa de mil millones de dólares casi inmediatamente como resultado del aumento de precios. Los propietarios de Ripple siguen gestionando una gran parte de la capacidad del mercado, por lo que el público solo dispone de una cantidad limitada.

La subida de precios se explica por el hecho de que Ripple ha contratado a una serie de grandes clientes del mundo financiero. Entre ellos se encuentran clientes como Bank of America y Royal Bank of Scotland. Además, Ripple cuenta con el apoyo de muchas empresas multinacionales, entre ellas Google. En enero de 2018, el precio se situó por primera vez en 3,10 dólares por Ripple.

La subida de precios se explica por el hecho de que Ripple ha firmado contratos con una serie de grandes clientes financieros. Entre los clientes se encuentran el Bank of America y el Royal Bank of Scotland. Además, Ripple cuenta con el respaldo de muchas empresas multinacionales, incluida Google. En enero de 2018, el precio era de 3,10 dólares por Ripple.

Cómo comprar Ripple

¿Ya estás un poco emocionado? Entonces te estarás preguntando, ¿dónde puedo comprar Ripple? Al principio, era difícil comprar Ripple con dólares o euros. Afortunadamente, últimamente han surgido más y más opciones para ello.

Cuando se compran monedas Ripple con dólares, suele haber altas comisiones por transacción. Por lo tanto, es aconsejable convertir primero los dólares a una moneda digital más común (por ejemplo, Bitcoin (BTC) o Ethereum (ETH) y luego comprar las monedas Ripple a través de un intercambio como Binance.

Cómo desarrollar su estrategia de negociación

¿Cómo debería desarrollar su propia estrategia de trading de Crypto? Por supuesto, con la ayuda de Stellar Moon Publishing. Una buena estrategia de trading de criptomonedas le proporciona ayuda, concentración, tranquilidad y no menos importante: una deliciosa cantidad de beneficios. Como sospechamos que esto es de interés para muchos, hoy vamos a profundizar en los elementos que determinan una estrategia de trading definitiva.

No existe una estrategia de negociación que funcione para todo el mundo. Una estrategia comercial sólo tendrá éxito cuando se adapte de forma óptima a usted como persona, al tipo de operador que es, a su capital, a su perfil de riesgo, etc. Por eso nos fijamos específicamente en los elementos subyacentes.

De este modo, llegarás a una estrategia de trading de criptomonedas que se ajusta a ti como persona, con todas las oportunidades y riesgos que se ajustan a quién eres y a qué tipo de trader quieres ser. ¿Tienes curiosidad? Adelante!

Atención: tenga en cuenta que la siguiente explicación sobre el desarrollo de una estrategia de trading de Crypto y la explicación de la misma no debe interpretarse en ningún caso como un consejo.

La decisión de si quieres comerciar con criptomonedas y de qué manera, así como las decisiones que vas a tomar con respecto a la compra y la venta, recae en ti y sólo en ti.

¿Qué es exactamente una estrategia de comercio de criptomonedas?

Una estrategia de trading de criptomonedas es un plan personal previamente elaborado con el que usted se compromete mientras opera. En pocas palabras, se trata de directrices o reglas a las que te ciñes mientras operas.

De este modo, evitará los saltos locos, las compras y ventas impulsivas, las pérdidas significativas que no puede cubrir, las emociones que se apoderan de usted y la sensación de que está "por las nubes" con sus métodos de negociación.

Una estrategia de negociación no es sólo una pauta para tomar una posición (comprar) o cerrar una posición (vender), sino que también se centra en elementos mucho menos tangibles, como el perfil de riesgo personal o la preferencia personal en cuanto a los plazos.

Sin embargo, no son los meros sentimientos y preferencias los que mandan. Al contrario. Muchos elementos de una estrategia de negociación exitosa se basan en datos sólidos, cifras, análisis, gráficos y modelos de predicción (e indicadores de negociación).

Entonces, ¿le gusta el análisis estadístico? Entonces puede divertirse mucho al establecer y optar por una estrategia de trading de éxito.

¿Qué hace que una estrategia de trading tenga éxito?
La estrategia de trading definitiva tiene unas cuantas características extremadamente importantes. Enumeramos algunas de ellas para usted.

Una estrategia comercial exitosa:

- está al día
- es personal
- está en línea con un (correcto) Análisis Técnico (AT)
- se ajusta a su perfil de riesgo

Estamos seguros de que hay más características que inventar, pero puede estar claro que una buena estrategia de trading hoy, puede ser literalmente inútil mañana. También puede estar claro que la estrategia de comercio que funciona fantástico para la primera persona, pero esta estrategia de comercio no funcionará para otra persona, porque usted es un tipo completamente diferente de comerciante.

Por eso también es arriesgado invertir (mucho) dinero en una estrategia de trading de otra persona, porque esta estrategia no tiene en cuenta tu propia situación y preferencias. Puedes encontrar innumerables videos de (supuestamente) exitosos daytraders, traders de forex y crypto traders, que están compartiendo su estrategia de trading definitiva contigo en YouTube.

A veces por mucho dinero, a veces gratis. A veces como experto, a veces como pasatiempo. El asesoramiento gratuito no es necesariamente peor que el asesoramiento caro.

Pero, ¿quieres la mejor estrategia de trading que se adapte tan bien a ti y que tenga en cuenta todo lo que quieres poner en el trading de criptomonedas y conseguir? Entonces tendrás que dedicar el tiempo y la energía tú mismo. Y honestamente: lograr el éxito en algo que has construido e inventado tú mismo es la mejor sensación del mundo. Pero, ¿cuáles son entonces los elementos importantes en una estrategia de trading exitosa?

Elementos clave de una estrategia comercial exitosa

Nuestros expertos en criptografía suelen aplicar estos 6 elementos clave que, en nuestra opinión, encajan en una estrategia de trading exitosa. Proporcionan una base sólida, son flexibles y garantizan un carácter dinámico para que la estrategia de trading sea y se mantenga sostenible. Los enumeraremos a continuación y los explicaremos brevemente.

1. **Normas de comercio**
2. **Gestión de riesgos**
3. **Plazos de negociación**
4. **Análisis técnico (AT)**
5. **Pruebas de espalda**
6. **Reinventarse a sí mismo**

#1: Reglas de comercio

Las reglas de trading son reglas que usted se impone a sí mismo. Una estrategia de comercio de criptomonedas exitosa se mantiene o cae con la disciplina que usted ejerce posteriormente si se mantiene o no a esas reglas. Si notas que no te ciñes a tus propias reglas, correrás un mayor riesgo de llevarte sorpresas y riesgos que podrían resultar malos. Con las reglas de trading puedes pensar, por ejemplo, en las siguientes reglas:

Nunca puedo tener más del X% de mi capital en posiciones abiertas.

Reduzco ese porcentaje en un X% después de 3 operaciones perdedoras seguidas.
Sólo puedo participar en una operación si se ha anotado en mi cuaderno de bitácora.
Utilizo un stop-loss de un máximo del X% de mi precio de compra.

En función de tu perfil de riesgo (calma, sólo diez segundos más de paciencia), puedes rellenar un número en el lugar de la X que se corresponde con el tipo de trader que eres.

Cuanto mayor sea el riesgo que se atreva a asumir, mayores serán sus ganancias o pérdidas. Sin embargo, es prudente no dejar que superen el 3% en el caso de los 2 primeros puntos.

#2: Gestión de riesgos
La gestión del riesgo (o su perfil de riesgo) es, de todos estos elementos, el más acorde con el nivel personal de su estrategia comercial.

Una persona es enormemente reacia al riesgo, la otra, por el contrario, ama la emoción y le gusta explorar los límites. Se aplica una regla general: cuanto más riesgo se asume, mayores pueden ser los beneficios o las pérdidas. Por el contrario, cuanto menos riesgo se asuma, menores pueden ser los beneficios o las pérdidas.

¿Inviertes sólo con un determinado porcentaje de sus ahorros? ¿O con todos sus ahorros? ¿O con todo el dinero que posee? ¿O incluso pides una hipoteca adicional sobre tu casa y empiezas a invertir con cada céntimo que posees y que representa un valor?

Como comprenderás, el riesgo que corres en cada una de las situaciones mencionadas varía mucho.

Con cada operación debe hacerse la siguiente pregunta ¿Qué pasará si pierdo completamente este depósito? ¿Puedo perder este dinero? ¿Qué haría en ese caso?

#3: Plazos de negociación
Ni que decir tiene que una estrategia también tiene que encajar con el tipo de trader que eres. Distinguimos brevemente tres tipos diferentes de operadores:

Operador diario *(varias operaciones al día)*
Swing trader *(operaciones abiertas durante días, semanas o meses)*
Inversor *(trader a largo plazo / HODL'er)*

Mientras que un operador diurno mira constantemente los números para detectar cualquier cambio sutil en el precio y la oportunidad o la amenaza, un inversor dedicará principalmente mucho tiempo a buscar esa última oportunidad a largo plazo que parezca prometedora y luego dejará su inversión durante un periodo más largo. Un Swing trader se encuentra en un punto intermedio.

Un day trader no asume más o menos riesgo que un inversor, simplemente es una forma mucho más intensiva, pero por ello también puede rendir más. Algunos traders también optan por una estrategia de trading dual, que tiene un componente de inversor (por ejemplo HODL en Bitcoin) y un componente de day trader o swing trader en el que hay un trading activo (en Altcoins por ejemplo).

Por lo tanto, es importante determinar por sí mismo qué tipo de operador es y qué plazos es importante que siga.

Para un operador diurno, por ejemplo, estos marcos temporales son las 4 horas, la 1 hora y los 15 minutos, mientras que para un operador de swing estos marcos temporales son el 1 mes, la 1 semana y el 1 día. Pero también, diferentes comerciantes del día pueden utilizar diferentes marcos de tiempo. Incluso aquí es de nuevo muy personal.

#4: Análisis técnico (AT)
El elemento número cuatro tiene una fuerte conexión con el primero, las reglas de negociación. En este elemento determinarás principalmente en base a qué indicadores, velas, patrones, etc. vas a tomar o vender tus posiciones.

Las preguntas que te harás pertenecen a las siguientes categorías

- ¿Qué indicadores deben dar luz verde antes de que pueda tomar una posición?
- ¿Qué indicadores deberían dar una señal negativa antes de vender una posición?
- ¿Qué velas son decisivas para determinar el impulso?
- ¿En qué criptomonedas invertiré o ignoraré deliberadamente?

El análisis técnico también está muy vinculado al quinto elemento. O tal vez el quinto elemento sólo forma parte del análisis técnico.

#5: Prueba de espalda

La prueba retrospectiva es una técnica o actividad en la que se puede probar cómo se habrían comportado esas variables en el pasado en función de las variables que usted mismo establezca. Aunque los resultados pasados no son una garantía para el futuro, sí añade valor para determinar si estás pensando en la dirección correcta con ciertas reglas de trading.

El backtesting es, por tanto, una excelente forma de diseñar, optimizar o desechar una estrategia de criptocomercio concebida.

#6: Reinventarse

Una vez que haya encontrado su estrategia de negociación definitiva con los elementos 1 a 5, es el momento de obtener los máximos beneficios de ella.

Por lo tanto, emplee esta estrategia (dentro de su perfil de riesgo) con el mayor grosor posible para maximizar sus beneficios. Antes de que se dé cuenta, su estrategia ha quedado obsoleta y deberá volver a empezar.

Por eso también existe el elemento número 6. Una estrategia que no funcionó en el pasado puede convertirse de repente en una mina de oro en el futuro. Una estrategia que funciona brillantemente para su vecino no tiene por qué funcionar para usted. Manténgase siempre crítico con la evolución del mercado y su efecto en su estrategia. Y atrévase a afinar su estrategia en el medio, cuando sea posible.

La mejor metáfora que podemos utilizar para esto es la del leñador. Puedes cortar muchos más árboles como leñador si no te dedicas a cortar árboles todo el día, sino que te tomas un descanso de vez en cuando para mantenerte alerta.

¿Cómo elegir la estrategia de negociación adecuada?
Si esperabas un "truco fácil" con el que pudieras hacerte descaradamente rico, lamentablemente tenemos malas noticias para ti. No hay ningún truco fácil, o todo el mundo lo haría. Por supuesto, siempre podría tropezar inesperadamente con una enorme ganancia inesperada o con una afortunada evolución del mercado, pero eso sería más suerte que sabiduría.

Una estrategia de trading de criptomonedas adecuada está hecha a medida, y está estrechamente relacionada con su situación personal. Por eso no siempre se pueden utilizar las estrategias de trading "perfectas" de otros traders. Sin embargo, no son completamente inútiles o inutilizables. Sobre todo, utilízalas para inspirarte. Para ver cómo otros han desarrollado su estrategia y posteriormente ponerla en práctica. Aprender de sus aciertos y errores. Y utilizarlos en su propia estrategia de trading.

Prueba y error. Poner algo sobre el papel, empezar, ajustarlo, probarlo, ajustarlo de nuevo, seguir optimizando y perfeccionando. Así es como llegarás a la estrategia de trading correcta que te conviene.

Ventajas y desventajas de trabajar con estrategias comerciales

Mientras que normalmente optamos por resumir una serie de pros y contras a través de varias viñetas, hoy vamos a ser breves y sencillos. Por supuesto, las estrategias de trading tienen ventajas, de lo contrario nunca habríamos empezado a escribir este libro, pero también hay desventajas. Se las resumiremos brevemente.

Ventajas

La mayor ventaja de las estrategias de negociación es, por supuesto, su estructura. Sabes cuándo tienes que hacer algo, por qué lo haces y qué te espera. Te da un enfoque y una dirección. Te asegura que tu cerebro racional piense en lugar de tus emociones. Además, con un registro de operaciones construyes un historial.

Tienes una base en la que llevas la cuenta de las operaciones que te han resultado exitosas o no. Y un documento así vale oro para recurrir a él en los momentos en los que todavía tienes dudas.

Desventajas
Elaborar y mantener una estrategia de negociación lleva bastante tiempo.

Aparte de eso, puede ocurrir - ciertamente al principio - que te enfrentes a una fase que llamamos "de incompetencia consciente". En esta fase descubrirás realmente cuánto hay todavía de lo que no sabes.

Pero tenga por seguro que esta fase también pasará (muy pronto). Y sobre la base de las nuevas experiencias podrás afinar tu propia estrategia de trading de criptomonedas y hacerla aún mejor.

Estrategias de inversión en criptodivisas

Una buena estrategia a aplicar para mantener Bitcoin u otras criptodivisas es invertir sólo el dinero que no se necesita a corto plazo. El Bitcoin, por ejemplo, en su estado actual es todavía extremadamente volátil, y si sigues su curso de cerca, y esperando sólo el crecimiento, podrías estar en una montaña rusa emocional.

Estos son los 5 pasos para una exitosa estrategia de inversión en criptografía

Paso 1: Decide cuánto dinero quieres invertir

El primer paso para una inversión exitosa en criptodivisas es siempre determinar el monto de la inversión. Sólo cuando sepa cuánto quiere invertir en criptodivisas, podrá empezar a desarrollar una estrategia adecuada para ello. Por ejemplo, si sólo quiere invertir una pequeña cantidad, entonces puede valer la pena elegir las altcoins algo más baratas sobre las que haya investigado lo suficiente. Es crucial entender qué valor tiene la moneda dentro del sistema financiero.

Si dispone de más presupuesto, invertir en Bitcoins, por ejemplo, podría ser una opción. Por lo tanto, determine siempre la cantidad de inversión por adelantado y asegúrese de no desviarse de ella más adelante. Puede ser muy tentador invertir más y más ahorros en criptodivisas.

Aunque en algunos casos esto puede ser inteligente (por ejemplo, cuando no necesitas los ahorros y ves buenas oportunidades de inversión), sigue siendo importante mantener suficientes ahorros en moneda normal. De este modo, en caso de emergencia, no tendrá que empezar a vender inmediatamente criptodivisas para poder financiar los gastos necesarios (inesperados).

Paso 2: Determinar la estrategia de inversión adecuada

Dentro de la inversión en criptodivisas, hay muchas estrategias diferentes imaginables. Por ejemplo, puede elegir invertir a largo o a corto plazo. La estrategia que más le convenga depende totalmente de su situación personal. Los posibles factores que pueden influir en la elección de la estrategia son, por ejemplo, cuánto tiempo quiere invertir el dinero, cuánto tiempo quiere invertir usted mismo (diaria o semanalmente) en su criptodivisa y cuánto conocimiento tiene ya sobre las criptomonedas.

En general, hay dos estrategias que se pueden seguir al invertir en criptodivisas. La primera estrategia consiste en mantener las monedas durante un largo periodo de tiempo para maximizar los beneficios. La segunda estrategia es el llamado day trading, en el que se compran criptomonedas con el objetivo de volver a venderlas a corto plazo.

En general, hay dos estrategias que se pueden seguir al invertir en criptodivisas. La primera estrategia consiste en mantener las monedas durante un largo periodo de tiempo para maximizar los beneficios. (inversión a largo plazo) La segunda estrategia es el llamado day trading, en el que se compran criptomonedas con el objetivo de volver a venderlas a corto plazo.

Establezca sus objetivos

Operar con acciones o criptomonedas es un gran juego entre "Toros" (compradores) y "Osos" (vendedores). Un grupo apuesta a que el precio bajará mientras que al mismo tiempo el otro grupo apuesta a que el precio subirá. Dentro del Crypto Trading, se pueden establecer aproximadamente dos objetivos:

1. **Reunir más Bitcoin:** Al intercambiar Altcoins contra Bitcoins, te aseguras de obtener más y más Bitcoin en tu poder. Las personas que eligen esta opción confían en que el Bitcoin va a ser mucho más valioso a largo plazo, por lo que quieren fijar la mayor cantidad de Bitcoin posible.
2. **Recogiendo más monedas fiat (como euros, dólares y otras):** Al comerciar con Bitcoin o Altcoins contra Euros, por ejemplo, puede asegurarse de poseer más y más Fiat. Este grupo de personas utiliza Bitcoin como cualquier otra unidad negociable. Por lo tanto, no creen en el valor subyacente, sino que principalmente encuentran interesante la volatilidad de la moneda.

¿A largo o a corto plazo?

Los fundamentos del comercio y la inversión son fáciles: comprar criptodivisas cuando su precio es bajo y venderlas cuando el precio es alto. Esto también se llama "largo" en términos de trading.

También puede hacerlo exactamente al revés, vender sus criptodivisas cuando los precios son altos y volver a comprar cuando el precio ha bajado. Esto también se llama "Short" en términos de comercio.

Cualquiera que comience a operar, básicamente siempre tomará una posición "larga". Compra Crypto y lo vende cuando el precio es más alto. Las posiciones cortas son utilizadas principalmente por operadores experimentados que también utilizan el apalancamiento. Sin embargo, desaconsejamos esto para los principiantes, ya que también puede llevarle a perder su dinero muy rápidamente.

Paso 3: Encuentre las monedas en las que desea invertir

Elegir una criptomoneda interesante, especialmente al principio, es probablemente uno de los pasos más difíciles. ¿Cuándo es interesante invertir en una moneda? ¿Cuándo es mejor no invertir en una moneda? Si supieras las respuestas a estas preguntas, serías millonario en cuestión de horas. Desgraciadamente, nadie sabe la respuesta a estas preguntas con un 100% de certeza, por lo que en cierto modo siempre es una apuesta. pero gracias a este libro ha obtenido más información sobre por qué el Bitcoin puede ser una inversión segura a largo plazo y cómo puede perder su dinero rápidamente al entrar en un esquema de pump and dump sin conocimiento previo.

Por lo tanto, si se adquiere el conocimiento suficiente sobre las monedas en las que se quiere invertir, se puede hacer una buena predicción. Por supuesto, siempre es inteligente repartir las oportunidades. Por lo tanto, nunca invierta en un solo tipo de criptodivisa, sino que reparta su depósito al menos entre 2 o 3 monedas diferentes. Por supuesto, también es cierto que la adquisición de conocimientos sigue siendo un proceso continuo. Por lo tanto, no es posible decir en un momento determinado que se tiene "suficiente conocimiento" de las monedas y luego no hacer más investigación.

Paso 4: El momento adecuado

Si lleva un tiempo leyendo sobre determinadas monedas, probablemente ya tenga una idea del momento de compra ideal para usted. Para determinar el momento ideal de compra, es conveniente, en cualquier caso, analizar cuidadosamente los precios de los últimos tiempos. A menudo se puede observar un patrón claro en la evolución de los precios de determinadas monedas. Además, también es importante determinar el momento de la venta.

¿Cuándo se vuelven a vender las monedas? El momento de la venta es diferente para cada persona. Depende totalmente del valor de venta con el que esté satisfecho. Aunque el momento de la venta es diferente para todo el mundo, es definitivamente prudente determinar de antemano a qué valor de precio planea vender su criptodivisa. Por supuesto, nadie le obligará en última instancia a venderla por ese valor, pero le da algo a lo que aferrarse en el incierto mundo de la criptodivisa.

Paso 5: Pedir ayuda

Especialmente cuando se está empezando a invertir en criptodivisas, hay muchas cosas que todavía no se conocen con exactitud. Aunque hay una enorme cantidad de conocimientos que se pueden encontrar en Internet, también puede valer la pena pedir ayuda a los expertos de vez en cuando.

Cada vez son más los asesores financieros que pueden ofrecer un excelente asesoramiento sobre la inversión en criptodivisas. Por supuesto, es importante ser crítico a la hora de elegir un asesor financiero. Los costes suelen ser elevados, pero los asesores financieros adecuados que se especializan en criptodivisas no cuestan nada en la práctica. Proporcionan muchos más beneficios que el coste del asesoramiento que se gasta.

En Stellar Moon Publishing, trabajamos con una serie de asesores que pueden proporcionarle el asesoramiento adecuado para desarrollar una estrategia rentable para sus inversiones en criptomonedas. Echa un vistazo a las opciones de contacto en la parte posterior del libro y haznos saber si necesitas ayuda con tu enfoque.

Consejos esenciales para el éxito de la criptomoneda

Las normas de seguridad están escritas con sangre. Esta es una afirmación que todo soldado que sirve a su país conoce. Aunque no estamos discutiendo el riesgo para la vida humana aquí, es extremadamente inconveniente para perder sus valiosos Bitcoins debido a los errores cometidos mientras que usted está negociando e invirtiendo en criptomonedas.

Dé una razón a cada transacción.

Sólo introduzca una **posición comercial**; *un precio al que quiera vender o comprar su moneda*.

Si sabe por qué quiere venderlo o comprarlo y, por tanto, tiene una estrategia clara en mente.

No todos los Crypto Traders pueden obtener beneficios porque se trata de un juego de suma cero (en el que tú obtienes beneficios y otro pierde).

Los grandes tenedores de monedas (también llamados Ballenas en el mundo de las criptomonedas) impulsan el mercado de alt & Bitcoin - sí, las mismas "ballenas" responsables de comprar y vender cientos de Bitcoins a la vez.

Las ballenas esperan pacientemente a que los pequeños inversores desprevenidos como nosotros cometan un error comercial.

Aunque quiera operar todos los días, a veces es mejor no hacer nada que lanzarse a las aguas turbulentas y arriesgarse a sufrir pérdidas importantes. Hay días en los que se puede ganar más dinero sin hacer nada.

Establecer objetivos claros y saber cuándo hay que parar

Para cada **posición de negociación** que desee tomar, debe definir un nivel de objetivo de beneficios preciso y, lo que es más importante, un nivel de stop-loss para limitar las pérdidas.

Establecer un objetivo de stop-loss implica determinar la pérdida máxima que se puede aceptar antes de cerrar la **posición de negociación**.

Hay que tener en cuenta varios factores a la hora de decidir un nivel de stop loss. La mayoría de los operadores fracasan porque se "enamoran" de su posición, es decir, las monedas que tienen parecen subir de precio, o esperan que no caiga más bajo, y no quieren vender y tomar la ganancia/pérdida, o se enamoran de la criptodivisa en sí.

Lo que significa que, pase lo que pase, se opta por mantener esa moneda a toda costa. "Estoy seguro de que cambiará, subirá más, y saldré de esta posición con una pérdida mínima", se dicen a sí mismos. Permiten que su ego les gobierne.

En comparación con el mercado bursátil tradicional, en el que una volatilidad del 2-3% se considera extrema, las transacciones de criptomonedas son mucho más arriesgadas: no es raro que una criptomoneda pierda el 80% de su valor en cuestión de horas. Y, desde luego, ¡no querrás ser tú quien se aferre a ellas!

Sea consciente del FOMO

Conozca el FOMO, que significa "Fear of Missing Out". No es divertido estar fuera mirando hacia adentro cuando una moneda específica se bombea como loco con enormes ganancias en tan sólo unos minutos.

Esa larga barra verde te ruega que la compres, diciendo: 'Eres el único que no se está beneficiando de esto, ¡cómprame!'. En este punto, también te darás cuenta de que muchas personas y grupos en Reddit, Telegram y otras plataformas solo pueden hablar de esta bomba.

Entonces, ¿qué debemos hacer? Es tan sencillo como eso: permanecer sobrios. Es cierto que el precio puede seguir subiendo, pero ten en cuenta que las ballenas (mencionadas anteriormente) simplemente buscan pequeños comerciantes a los que vender sus criptomonedas.

Que compraron a un precio más bajo. El precio ha subido, y está claro que la moneda está ahora en manos de sólo unos pocos comerciantes pequeños. Ni que decir tiene que, cuando la moneda es objeto de dumping en grandes cantidades, el siguiente paso suele ser una caída del precio al rojo vivo.

Evaluación de riesgos

"Los cerdos engordan; los cerdos se sacrifican". Esta cita cuenta la historia del beneficio desde el punto de vista del éxito. Para convertirse en un operador de Crypto rentable, nunca debe buscar los extremos. Busca pequeñas ganancias que se sumarán a una grande.

El riesgo debe gestionarse con prudencia en toda la cartera. Por ejemplo, nunca debe invertir más que una pequeña parte de su cartera en un mercado no líquido (muy volátil). A esas posiciones les daremos más margen, y los niveles de stop y objetivo se fijarán lejos del nivel de compra.

Las criptomonedas se intercambian por Bitcoin

Este activo subyacente provoca la volatilidad del mercado: la mayoría de las altcoins se negocian con Bitcoin en lugar de con moneda fiduciaria (como euros o dólares). Vea también: ¿Cuál es la diferencia entre la criptomoneda y el dinero fíat?

Bitcoin es extremadamente volátil en comparación con casi cualquier moneda fiduciaria, y este hecho debe ser considerado, especialmente cuando el precio de Bitcoin fluctúa dramáticamente.

Era común en los primeros años que Bitcoin y altcoins tuvieran una correlación inversa, lo que significaba que cuando Bitcoin subía, los precios de las altcoins caían en relación con Bitcoin y viceversa. Sin embargo, la correlación se ha vuelto menos clara desde 2018. En cualquier caso, cuando Bitcoin es volátil, las condiciones de negociación se vuelven difíciles de determinar.

Dado que no podemos ver con mucha antelación durante un periodo de volatilidad, es mejor establecer objetivos cercanos y metas de pérdidas paradas, o no operar en absoluto.

Utiliza tus monedas alternativas para comerciar

La mayoría de las altcoins pierden valor con el tiempo. Pueden perder valor de forma gradual o rápida.

Sin embargo, el hecho de que la lista de las 20 principales altcoins haya cambiado tan drásticamente en los últimos años dice mucho.
Ten en cuenta esto a la hora de añadir grandes cantidades de altcoins a tu cartera para el medio y largo plazo, y por supuesto, elígelas sabiamente.

Si está pensando en mantener las altcoins a largo plazo o en construir una cartera de criptomonedas a largo plazo, preste mucha atención al volumen de negociación diario y realice un análisis fundamental exhaustivo.

Las altcoins con una comunidad próspera tienen muchas posibilidades de sobrevivir a largo plazo.

ICO, IEO y venta de tokens

Pasando a las ICOs públicas (o IEOs, como se conocen ahora en 2021): son ventas de tokens de criptomonedas. Muchos proyectos nuevos optan por realizar una venta masiva, en la que ofrecen a los inversores una oportunidad temprana de comprar algunos de los tokens del proyecto a un precio más bajo.

El incentivo para los inversores es que, cuando el token llegue al mercado, podrán obtener grandes beneficios. En los últimos años se han producido muchas ventas de tokens con éxito, con retornos de la inversión de 10 veces.

La ICO de Augur, por ejemplo, proporcionó a los inversores una rentabilidad de 15 veces. ¿Cuál es el problema? No todos estos proyectos devuelven beneficios a sus patrocinadores. Muchas ventas resultaron ser una estafa total. No sólo no se negociaron en absoluto, sino que algunos proyectos desaparecieron con el dinero, para no volver a ser vistos ni escuchados.

Entonces, ¿cómo saber si debe invertir en una determinada venta de fichas?

La cantidad de dinero que el proyecto desea recaudar es una consideración importante. Un proyecto que recaude muy poco dinero probablemente no podrá desarrollar un producto que funcione, mientras que un proyecto que recaude demasiado dinero probablemente no tendrá suficientes inversores para comprar los tokens en el mercado. El aspecto más crucial es la gestión del riesgo. No ponga nunca todos los huevos en la misma cesta, y evite poner demasiada parte de su cartera en una sola OEI o ICO. Están clasificadas como de alto riesgo.

Comisiones

La realización de múltiples operaciones requiere el pago de una comisión mayor. Siempre es mejor y menos costoso para un creador de mercado colocar una nueva orden en el libro de órdenes en lugar de comprar en el libro de órdenes de una plataforma de negociación.

No crear presión

Comience a operar sólo cuando tenga las mejores condiciones para tomar las mejores decisiones, y sepa siempre cuándo y cómo dejar de operar si es necesario. El trading comienza con una estrategia bien pensada. Si estás bajo mucha presión, esto afectará a tu capacidad de decisión. Por ello, nunca te precipites.

Fijar objetivos y órdenes de venta

Establezca sus objetivos mediante la colocación de órdenes de venta. Nunca se sabe cuándo una ballena va a bombear una moneda para comprar las acciones en el libro de órdenes (y pagar un precio más bajo en el lado del creador de la orden de venta).

Compra el rumor, vende la noticia

Cuando se publican noticias importantes, suele ser el momento adecuado para vender la moneda y no para comprarla.

No olvides la Ley de Murphy

Has hecho una operación rentable, pero como es habitual, el precio se dispara justo después de vender. No cedas a la tentación de cambiar de trabajo. En otras palabras, no sucumbas al **FOMO** (Fear of Missing Out). Estarás bien mientras haya beneficios.

No dejes que tu ego gobierne tus inversiones

El objetivo es obtener GANANCIAS. No malgaste recursos (tiempo y dinero) intentando demostrar que debería haber tomado tal o cual posición. Tenga en cuenta que ningún operador sólo entra en posiciones ganadoras. La regla general es que el número de operaciones ganadoras debe superar el número de operaciones perdidas.

Comprar cuando los precios son bajos

Los mercados bajistas son a veces los mejores momentos para obtener beneficios, si la moneda está bajando, eso podría significar que es el mejor momento para comprar y obtener beneficios con el tiempo. Pero asegúrate de que tu plan es sólido para el futuro próximo y de que tienes alguna idea de por qué la caída del precio es sólo temporal.

Compradores frente a vendedores

Consideremos la siguiente empresa hipotética. Las personas que creen en la empresa compran todas las acciones que pueden al precio de 10 dólares.

Sin embargo, para ello debe haber también personas dispuestas a vender sus acciones a ese precio. En consecuencia, estas personas son escépticas de que el precio vaya a subir. No venderían si creyeran que lo haría. Si un accionista desea vender sus acciones, es libre de fijar su propio precio.

Supongamos que alguien pone a la venta sus acciones a 12 dólares cada una, y otros quieren comprar a 10 dólares. En ese caso, ambas partes pueden acordar un precio de 11 dólares y llegar a un acuerdo. Tras el primer día de negociación, el precio de nuestra tienda de donuts es de 11 dólares por acción. En muchos sentidos, esto refleja cómo percibe el mercado nuestra empresa.

Este principio se aplica a las criptomonedas de forma similar.

Si usted es un inversor inteligente, entiende que no puede aprender todo simplemente mirando el precio actual. Utilizando los datos históricos, puede estimar el sentimiento del mercado. ¿Es el precio actual demasiado alto o demasiado bajo? ¿Cuál era el precio al principio del día el año pasado? ¿Hubo una caída del precio el trimestre pasado?

Sistemas de bombeo y descarga

Nunca es una buena idea seguir sin pensar el bombo de una moneda al azar, sólo porque la gente afirma haber obtenido enormes beneficios de la noche a la mañana.

Esto generalmente indica hacia un esquema "clásico" de pump and dump, lo que significa que con el fin de obtener ganancias masivas con una criptomoneda, utilizar la influencia de las noticias, los blogs de criptomonedas, youtubers y otras personas influyentes, las plataformas de medios sociales como Reddit y Facebook para exagerar el precio de una moneda aparentemente al azar.

La idea general de esto es comprar temprano y volcar la cantidad de monedas compradas a medida que el precio se multiplica por 1000.

Es fácil reconocer este patrón, ya que las reclamaciones suelen seguir una tendencia como la siguiente:

El precio de lanzamiento de shitcoin al azar es de 0,000001 dólares, con la afirmación de que si esta moneda subiera a 0,001 dólares, se obtendrían unos beneficios de 1000 veces.

Estas afirmaciones sobre monedas aleatorias que están a punto de estallar están por todo Internet; Tiktok, Instagram, Facebook y Reddit están plagados de anuncios pagados y no pagados sobre esquemas de pump and dump.

Todo esto significa simplemente que, quienquiera que esté metido en esto, puede obtener beneficios masivos siempre que consiga que un número suficiente de personas se trague el bombo.

A los influencers se les paga por difundir esta información.

Se puede pagar hasta 25.000 dólares por post si eres un influencer dispuesto a promover uno de estos planes. Porque si acumulas un número decente de seguidores, hay una mayor posibilidad de que la gente compre lo que tengas que decirles.

Y como consumidor de contenidos, y alguien que busca comprar el próximo bombo, el pensamiento crítico es su mejor baza.

Dogecoin

El ejemplo por excelencia de un pump and dump con influencia de las redes sociales, es lo que hizo Elon Musk con Dogecoin y Bitcoin, un par de tweets y menciones sobre ambas monedas, y como probablemente viste en las noticias recientes, el precio de Bitcoin y Dogecoin sube, y él compró, especialmente en Bitcoin, antes de que iniciara el rumor, probablemente obtuvo mil millones de ganancias por simplemente mencionarlo en un tweet, lo mismo que recientemente provocó un desplome en el precio de Bitcoin.

Elon Musk es un hombre inteligente en ese sentido, sigue su estrategia de inversión, donde compra una cantidad masiva de Bitcoin, afirmando que su empresa Tesla, ahora aceptará pagos en Bitcoin para los coches y hace subir el precio por un margen masivo, un máximo histórico de más de 60.000 dólares.

Y no mucho más tarde, Elon Musk suelta una bomba, diciendo a Internet que la minería de Bitcoin es terrible para el medio ambiente, lo que significa que vendió en el punto de precio alto, vio la caída del mercado, y la creación de un nuevo punto de entrada para la gente a comprar.

Comenzó a tuitear sobre Dogecoin a principios de abril, con un precio inicial de unos 0,05 dólares, y el 16 de abril, el precio alcanzó un máximo histórico de 0,39 dólares.

Le siguió una breve caída, la moneda volvió a bajar a 0,19 dólares el 23 de abril y después siguió subiendo hasta alcanzar un nuevo máximo de 0,71 dólares el 5 de mayo, seguido de otra caída con el precio actual en 0,50 dólares.

No hay mucho que decir sobre el futuro de Dogecoin ya que parece una especie de broma. Elon Musk ha demostrado en el pasado ser un gran fan de la cultura de Internet, y tener una moneda como Dogecoin, gobernar el mercado financiero no es más que una broma elaborada.

Así que, si te sientes afortunado, podrías comprar en Dogecoin y tomar la apuesta de que duplicará su precio en un futuro próximo, pero cualquier éxito se basa totalmente en la suerte con una moneda que tiene su precio basado en la especulación. Así que, en esencia, invertir en ciertas criptodivisas es un poco una apuesta.

Una buena regla general, si está dispuesto a apostar por los esquemas de bombeo y volcado, es comprar cuando comienzan los rumores y empezar a vender cuando llegan las noticias principales.

Dado que el precio subirá rápidamente cada vez que una moneda de tendencia llegue a los principales canales de noticias, también significa que mucha gente que compró antes, aprovecha este momento para cobrar, vender la moneda y obtener el beneficio, provocando una caída de precios casi inmediata cuando se vende un gran número de monedas en cualquiera de los mercados.

Lo que significa que si no tienes información sólida sobre cuándo se producirá esta descarga, estás destinado a perder tu apuesta, si llegas tarde. Dado que las criptodivisas están descentralizadas, son básicamente imposibles de regular mientras la información se difunda y sea tendencia.

Valor intrínseco de la criptomoneda

No compre monedas nuevas o relativamente desconocidas como inversión a largo plazo si no muestran ningún valor intrínseco.

Por lo tanto, un consejo sólido sería saber en qué se compra, saber si se trata de una llamada "shitcoin", una estafa de marketing que la gente utiliza para hacer subir el precio, o si la moneda tiene un valor de aplicación real.

Por ejemplo, Ripple (XRP) pretende convertirse en la próxima red de pagos global para las instituciones financieras. Si sigue las noticias en torno a Ripple, es un poco más fácil predecir lo que hará el precio, ahora mismo tienen una participación del 40% en el sistema de pagos transfronterizos de Asia y trabajan duro para solidificar su futuro como instrumento financiero.

Ahora mismo, crear una nueva moneda lleva unos 5 minutos si quieres crear un esquema de pump a dump. Lo siguiente será el marketing, asegúrate de que la gente se entere de que tu moneda será la próxima que les haga ricos y gana interés en internet.

Esta moneda tiene que ser una moneda que no necesite prueba de trabajo como lo hace Bitcoin, como se explica en el capítulo "**El valor intrínseco de Bitcoin**".

Por lo tanto, si quieres iniciar una moneda por ti mismo, hacer una copia de una moneda existente que no requiere ningún esfuerzo para el comercio y la puesta en marcha, probablemente podrías encontrar un tutorial para la creación de este en YouTube.

Llamar a la nueva moneda cualquier cosa con palabras clave como seguro, o ir a la luna, como el infame Safemoon, afirmar que va a estallar, y asegurarse de que la mayor cantidad de gente posible necesita aferrarse a esa moneda porque los hará ricos. Preferiblemente implementando una fuerte cuota si quieren venderla.

Publica un libro blanco sobre tu moneda; un libro blanco es una explicación de cómo funciona la moneda, cómo comprarla y otra información vital para conseguir el interés de los inversores.

Para un esquema de bombeo y volcado, lo ideal sería un papel que reclamara algún tipo de tasa de transacción que se pagara a los titulares de las monedas. La idea de esta comisión de transacción que se paga a los otros titulares de las monedas es crear una sensación de seguridad para los posibles inversores.

Si una persona nueva compra algunas monedas y consigue que sus amigos compren algunas monedas, todos parecen beneficiarse de ese sistema. Quieren crear la ilusión de que si consigues que el mayor número posible de personas compre esa moneda, todos se hacen ricos.

Sin embargo, una parte crucial que lo haría posible es que la moneda necesita un valor intrínseco. Si es necesario comprar y conservar la moneda para que adquiera valor, será desalentador venderlas por dólares, ya que en esencia el precio bajaría.

Y simplemente, es un sistema muerto si el valor tiene que venir de la gente que tiene que comprar. Ese sistema sólo indica que, una vez que suficientes personas han comprado, los propietarios y los grandes poseedores de monedas pueden vender, hacer que el valor de esa moneda caiga mientras que otras personas que no están en el momento de la venta tienen una pérdida.

Para ponerlo en un ejemplo;

Si la persona A compra 10 monedas y tiene una tasa de transacción del 10%, 1 moneda de estas monedas se divide entre los otros portadores de monedas, por lo que si hay 10 portadores de monedas en este punto, todos ellos obtendrían 0,1 monedas de esa transacción.

Muchas de las monedas de estafa que se promocionan ahora mismo, presumen de un tipo de sistema similar al explicado en el ejemplo, prometiendo que explotarán en valor si suficiente gente compra y todo el mundo obtiene una parte cuando alguien compra.

Si usted prestara atención y leyera entre líneas, habría llegado a la conclusión de que esto es el equivalente de la criptomoneda a un esquema piramidal.

Safemoon y Shiba Inu: ¿proyectos de estafa?

Para los que llevamos un tiempo siguiendo el mercado de las criptomonedas, sabemos que la carrera alcista de 2017 y 2018 vino acompañada de un montón de monedas que no solo eran tan volátiles como el Bitcoin, sino que también lo fueron el día que este se estrelló.

Estos proyectos de estafa, o shitcoins como algunos los llaman, dan a las criptomonedas una mala reputación, pero parece ser una buena parte de la industria como nueva tecnología. Con todo el bombo que rodea al Bitcoin y al Ether, debemos tener en cuenta que una variedad de monedas más pequeñas también subirán de valor.

Como explicamos anteriormente, los esquemas de bombeo y descarga, como el infame Safemoon, son básicamente el equivalente de la criptomoneda a un esquema piramidal.

Con el rápido ascenso de la moneda Shiba, muchos se preguntan si es inminente una caída. Como Binance anunció hace poco, los monederos número 1, 2 y 5 contienen el 50,5%, el 7,0% y el 3,0% del suministro total respectivamente, lo que normalmente sería extremadamente preocupante, pero en este caso es una historia aún más extraña.

Los desarrolladores de Shiba Inu enviaron el 50% de sus tokens al fundador de Ether, Vitalik Buterin, en su lanzamiento.

En este momento somos un poco positivos con respecto a la moneda Shiba, pero parece que debido a la falsa sensación de seguridad, se crea una situación con un umbral bajo para arriesgar su dinero.

Predecimos que esta moneda también será muy volátil y probablemente verá un futuro como uno de los miles de proyectos de bombeo y descarga.

Binance también ha incluido a SHIB en su Zona de Innovación, lo que permite comprar Shiba Inu a través de la bolsa (lo que sólo puede hacerse tras rellenar un cuestionario).

Sin embargo, Safemoon tiene actualmente más de 1,9 millones de usuarios, pero Binance se niega a escucharlo. Mientras que el CEO Changpeng Zhao dijo previamente que cuando un proyecto tiene un gran número de usuarios, lo escucharán. Hay más usuarios de Safemoon que en Shiba, también Safemoon proporcionó un número récord de transacciones en la cadena inteligente de Binance.

123

El valor intrínseco del bitcoin

Bitcoin tiene un valor intrínseco en su transacción. Una transacción de Bitcoin es un cálculo, y al hacer ese cálculo se obtiene una recompensa, un bloque, un Bitcoin, de ahí que se llame la cadena de bloques. Dado que cada transacción de Bitcoin es un cálculo que consiste en todos los demás cálculos (que consisten en transacciones anteriores) que conducen a la transacción.

Así que, desde que Bitcoin está en uso desde 2009, estas innumerables transacciones han llevado al punto en que se necesita una inmensa cantidad de poder de cálculo para completar una transacción. Hacer estos cálculos se llama minería, y es un negocio en el que la minería de Bitcoin requiere más electricidad que un país pequeño en este momento.

Para que el Bitcoin se desplome por completo, la gente tendría que dejar de comerciar con él en un momento en el que una transacción costara demasiado para calcularla. Por lo tanto, este principio asegura el futuro a largo plazo de Bitcoin mientras la gente lo utilice para comerciar.

Además, Bitcoin ha sido la moneda fundamental del mercado negro porque los propietarios de Bitcoin no pueden ser rastreados a través de los detalles de la cuenta personal como tener una cuenta bancaria, por lo que Bitcoin puede ser utilizado para comprar cualquier cosa fuera de la ley.

No hay ningún banco o institución financiera que tenga los detalles de la cuenta y la información personal de los propietarios de Bitcoin. Y si quiere mantener su privacidad con la cantidad de Bitcoin que posee, se aconseja guardarlo en un monedero físico como el Trezor One.

Por lo tanto, para mantener sus transacciones lo más alejadas posible, asegúrese de utilizar una ruta anónima de compra de su Bitcoin, y manténgalos fuera de las plataformas de comercio que requieren datos personales con el fin de utilizarlos.

Privacidad del comercio de Bitcoin

Las plataformas de comercio de Bitcoin pueden requerir el acceso a datos personales para poder utilizar dicha plataforma, especialmente porque ciertos gobiernos quieren rastrear estas transacciones.

La plataforma Binance está siendo investigada en estos momentos por fraude fiscal y blanqueo de dinero por el gobierno de Estados Unidos, simplemente porque el gobierno de Estados Unidos quiere rastrear quién está operando y quién es dueño de qué en estas plataformas.

Incluso ofrecieron a las plataformas pagar por los datos personales, y aunque muchas plataformas de comercio de criptomonedas afirman tener una perfecta privacidad de los clientes, no sería la primera vez que venden datos personales a terceros. Incluso hay algunos rumores de que ciertas plataformas se venden al gobierno, pero no se puede asegurar nada.

Bitcoin se construyó para descentralizar el valor. Por lo que el pasado puede enseñarnos, el dinero gobierna el mundo, y si controlas grandes sumas de dinero, tienes un poder casi infinito.

Otra regla también es cierta, que el dinero corrompe indefinidamente, el dinero ha sido la causa de la codicia, el egoísmo y la pobreza en todo el mundo y está en manos de un porcentaje muy pequeño de personas.

El Bitcoin puede utilizarse para desestabilizar el depósito de valor global si un número suficiente de personas lo compran. La banca clásica se basa en la inflación en el sistema económico actual y si fluye suficiente dinero en el mercado de criptomonedas, desestabilizará la inflación del dinero regular.

Los bancos utilizan el dinero que la gente almacena para invertir en lo que consideran rentable; también utilizaron una buena parte de ese valor para crear préstamos como las hipotecas.

Pero en este punto tienen que seguir imprimiendo dinero para mantener el sistema en funcionamiento, porque más préstamos significa menos valor real del dinero. Y si se pone el valor al lado del flujo global actual de dinero, es una burbuja gigante de crédito destinada a estallar.

Por qué el bitcoin es una sólida inversión a largo plazo

Esta burbuja de crédito retrata por qué Bitcoin es una inversión tan sólida para el futuro a largo plazo. Con el valor total de negociación de Bitcoin en dólares ahora mismo, todo el mercado de Bitcoin está valorado en la asombrosa cifra de 846.019.261.238,40 dólares, o lo que es lo mismo, 846 mil millones de dólares.

Así, el Bitcoin ha alcanzado un valor de casi 1 billón de dólares, y se acerca a superar al dólar, que tiene alrededor de 1,2 billones de dólares en todo el mundo.

Para poner el mercado de las criptomonedas en perspectiva, la capitalización total del mercado está valorada en 2,2 billones de dólares.

Hay que tener en cuenta que la minería de Bitcoin se volverá exponencialmente más difícil, requiriendo más potencia de procesamiento y más electricidad con el tiempo mientras se utilice Bitcoin. Otro hecho importante para el valor de Bitcoin es que la cantidad de Bitcoin es finita, lo que significa que en algún momento se minará el último Bitcoin, y se estima ahora mismo que tardará más de 100 años.

Esto significa que el precio de Bitcoin no está ni de lejos cerca del precio que tendrá dentro de 20 o más años y, con la actual tasa de inflación, es un depósito de valor extremadamente deseable a largo plazo.

Es un hecho que el dólar se va a inflar más, parece que tiene que llegar a un choque en algún momento ya que en algún momento simplemente hará que los precios sean irracionalmente altos, haciendo que el dólar sea más inútil en el transcurso del tiempo.

Una prueba de ello son los precios de las materias primas, como la madera, en estos momentos. Estos precios están por las nubes, y poco a poco están empezando a desestabilizar el mercado de la vivienda.
La causa de esto está en el hecho de que Donald Trump puso un aumento masivo de los aranceles a la importación de madera de China en 2020, creando una situación en la que Estados Unidos compra toda la madera de Europa, haciendo subir el precio inmensamente.

Esto hace que las renovaciones, las nuevas viviendas y otros proyectos que requieren grandes cantidades de madera sean mucho más caros, hasta el punto de influir en los precios del mercado inmobiliario en estos momentos.

Las viviendas han sido más caras que nunca en Europa, hasta el punto de que empiezan a causar problemas en otros mercados.

Esto significa que los bancos tienen que dar una hipoteca mucho más grande para una casa más pequeña que 10 años, lo que sólo contribuirá a ampliar la burbuja de crédito y su efecto en todos los aspectos de la economía.

Además, debido a una multitud de complejos problemas financieros, se avecina una inflación en la que el bitcoin puede ser la solución para mantener sano el valor de tu capital.

La actual escasez de chips

El mayor contribuyente a la reserva de valor en Bitcoin es la escasez de chips, Bitcoin es uno de los factores que impulsan el aumento del valor de los chips y debido a la mayor demanda conduce a un precio inflado y a la escasez.

Una de las especulaciones es que Elon Musk provocó la caída porque la escasez de chips también está afectando a la producción de los coches Tesla. Por lo tanto, interrumpir el precio de mercado de Bitcoin, interrumpe el mercado de equipos de minería de Bitcoin, esto podría potencialmente crear un poco de espacio en el mercado de chips.

Un espacio muy necesario para otros fabricantes que realmente de una manera u otra en chips y semiconductores.

Pero la certeza sigue siendo que la dificultad de la minería de Bitcoin aumentará mientras exista el comercio de Bitcoin, lo que exigirá más al mercado de los chips, e impulsará los precios de los equipos necesarios para la minería de Bitcoin.

La computación cuántica no tendrá impacto en la minería de Bitcoin

Simplemente, estudios recientes, realizados por Louis Tessler y Tim Byrnes, han demostrado que la computación cuántica no puede hacer la minería de Bitcoin de forma más eficiente que las formas actuales de minería de Bitcoin. Por lo tanto, la prueba de trabajo de la minería de Bitcoin tiene un futuro muy estable en el entorno informático actual sin ninguna amenaza que haga que la prueba de trabajo de la minería de Bitcoin quede obsoleta.

Así que, en conclusión, y teniendo en cuenta todos estos factores, puede ser un movimiento muy inteligente para hacer crecer un capital a largo plazo invertir una cantidad mensual de dinero en Bitcoin, que normalmente ahorrarías en el banco regular.

Orden de cierre de Sichuan

Los porcentajes de hash de algunos de los mayores pools de minería de Bitcoin de China han caído hasta el 37% después de que Sichuan ordenara a las compañías energéticas que dejaran de suministrar energía a las empresas mineras de la provincia.

La noticia de la orden de cese se conoció ayer tras una reunión entre la Oficina de Ciencia y Tecnología del país y la Oficina de Energía de Sichuan Ya'an. Se dio a las compañías eléctricas un plazo hasta la madrugada del domingo 20 de junio (hora de Pekín) para cortar la electricidad.

Los pools de minería chinos son un engranaje integral del criptoecosistema mundial, y muchos de los mineros de estos pools aprovechan la abundante energía hidroeléctrica de Sichuan. Los pools de minería son colectivos de minería de criptomonedas que comparten su potencia de cálculo para minar criptomonedas

La orden de cese de actividad emitida a las empresas eléctricas identificó 26 pozos mineros en la provincia de Sichuan.

"Molly", jefa de marketing de la empresa china de blockchain Hashkey Hub, tuiteó que la tasa de hash "ya cayó significativamente" después de que el gobierno de Sichuan anunciara que cortaría la energía a las empresas de minería de Bitcoin.

Los hashrates de los pools de minería están: en caída libre. Desde el tuit de Molly, los hashrates de algunos pools de minería han caído aún más. Los hashrates de la mejor granja minera AntPool han caído un 27,53%, mientras que el hashrate de BTC.com ha caído un 18,34% y el de Huobi.pool un 36,79%.

China ha tomado medidas enérgicas contra las criptomonedas en los últimos meses. Esto ha tenido un efecto en cadena sobre el precio global de las criptomonedas. La peor caída del Bitcoin en 12 años se agravó el mes pasado cuando las asociaciones de pago reiteraron su apoyo a la prohibición de las transacciones de criptomonedas en 2017.

El siguiente objetivo del Estado fueron las operaciones de minería. El 9 de junio, la provincia de Xinjiang ordenó el cierre de varios mineros de criptomonedas. En la notificación, Xinjiang citó las "Medidas para el Examen de la Conservación de la Energía de los Proyectos de Inversión en Activos Fijos", un reglamento publicado por primera vez en 2016.

La masiva represión del país contra monedas como Bitcoin y Ethereum, que son difíciles de regular, prepara el terreno para la moneda respaldada por el banco central del Estado: el yuan digital. China está probando actualmente la moneda, que desde ayer se puede convertir en fiat por más de $XNUMX millones 3.000 cajeros automáticos en Beijing.

Dada la profunda influencia de China en la criptominería y el valor del mercado, la caída de hoy podría remodelar seriamente la industria minera de Bitcoin tal y como la conocemos.

Conclusión:

A estas alturas ya deberías tener una buena idea de cómo realizar tu propia evaluación de riesgos a la hora de invertir en criptodivisas. Y, antes de empezar, asegúrate de tener un plan, de investigar y de estar ansioso por conocer el valor de la moneda en la que deseas invertir.

Una de las reglas más importantes de la inversión es informarse sobre el bombo y platillo antes de empezar. En lugar de pagar por el beneficio de otro con el próximo esquema de pump and dump, asegúrese de que su inversión está calculada.

Y, si quiere obtener grandes beneficios con el day trading, ganando dinero real con los esquemas de pump and dump mencionados anteriormente, asegúrese de obtener una fuente de información fiable. Hay numerosos grupos de inversión gratuitos y de pago que pueden proporcionarle conocimientos sólidos sobre monedas con un alto potencial de negociación a corto plazo.

Si te gusta el sonido de un enfoque de alto riesgo y alta recompensa para las criptodivisas, el comercio de futuros de Binance podría ser una opción.

Díganos qué le parece el libro y, si le ha resultado útil, déjenos una reseña para que otros puedan beneficiarse también.

Gracias por leer nuestro libro, y buena suerte con sus futuras inversiones.

Su libro GRATIS

Si quieres empezar de forma rentable en el mundo de las criptomonedas, ¡asegúrate de descargar nuestro bono gratuito con **12 valiosísimos consejos para principiantes!**

Con este libro y estos consejos, tendrás garantizado un buen comienzo con tus futuras inversiones.

Regístrese aquí para obtener acceso instantáneo y comenzar su éxito en criptografía:

https://campsite.bio/stellarmoonpublishing

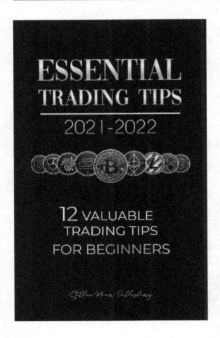

Nuestros libros

Consulte nuestro otro libro para saber más sobre las NFT, la negociación y la venta de NFT, cómo obtener beneficios y los consejos y estrategias esenciales para iniciarse a prueba de fallos en el universo de las NFT.

Únase al exclusivo Círculo de Publicación de Stellar Moon, ¡obtendrá acceso instantáneo a **12 consejos extremadamente valiosos sobre criptografía**!

Además, también obtendrá acceso instantáneo a nuestra lista de correo con actualizaciones de nuestros expertos cada semana.

Inscríbase hoy aquí:

Nuestro curso de trading experto en

criptografía

¿Busca una nueva forma de invertir?

¿Quieres ganar dinero?

¿Está interesado en invertir pero no sabe por dónde empezar?

¿Quiere empezar a operar con criptomonedas con los conocimientos de reputados expertos en finanzas e inversiones?

El Curso de Trading Experto en Criptomonedas es el curso más completo sobre el trading y la inversión con criptomonedas. Usted aprenderá a operar en sólo unos minutos al día. Te enseñamos todo, desde el análisis técnico, la gestión del riesgo y mucho más.

Nuestro objetivo es ayudarle a convertirse en un operador de éxito para que su futuro financiero sea seguro.

Invertir nunca ha sido tan fácil con nuestro plan paso a paso que enseña a los principiantes a operar como un experto, ¡con el potencial de obtener enormes beneficios!

Lo mejor de este curso es que está impartido por expertos. Así que, ¿a qué esperas? Empieza hoy mismo!

Para más información, visite este enlace:

https://payhip.com/b/ork8N